내 감정에
서툰 나에게

감정에 행복의 열쇠가 숨어 있다

내 감정에
서툰
나에게

최헌 지음

무한

나는 대학원에서 마케팅을 전공했고, 10년 넘게 마케팅 분야에서 일했다. 이것이 이 책의 서문을 시작하는 첫 문장이 되다니 놀라운 일이다. 마케팅 전공자가 무슨 감정을 이야기하냐고 물을 수도 있을 것이다. 내가 마케팅이 아닌 개인의 감정에 대한 책을 썼다고 했을 때 나를 잘 모르는 이들 또한 나의 과거 전공이나 직장만을 보고 똑같이 되물었기 때문이다.

나는 마케팅 분야 중에서도 외국계 기업의 마케팅 리서치 컨설턴트였다. 나의 일의 대부분은 소비자라 불리는 사람들의 말과 행동을 분석하는 일이었다. 일반적으로 리서치라고 하면 통계기법이나 숫자를 떠올리는 것과는 거리가 있다. 사실 나는 마케팅 리서치 컨설턴트 중에서는 숫자에 약한 편에 속한다.

회사에서 말하는 나의 대표적인 강점은 2가지였는데, 나를 반복해서 찾는 클라이언트가 많다는 것과 이전에 없던 새로운 성격의 프로젝트에 강하다는 것이었다. 나를 반복하여 찾는 이유 중 대부분은 몇 주, 몇 달간에 걸친 프로젝트 중 다양한 문제 상황을 내 개인의 문제처럼 모든 것을 다 바쳐 해결하는 노력에 대한 신뢰였다. 새로운 성격의 프로젝트 또한 기존의 방법으로 해결되지 않는, 대상자의 말과 행동, 감정과 상황을 내 것으로 완전히 몰입하여 보아야만 알아낼 수 있는 것들이다.

성과를 중시하는 외국계기업의 특성상 나의 강점을 한껏 살린 경쟁을 즐기며 이기는 것만을 목표로 살았다. 당연히 회사에서 나의 위치는 점점 확고해졌고, 30대 중반에 이미 부장, 팀장으로 고속 승진과 높은 연봉을 받았다.

문제는 바로 거기에 있었다. 클라이언트의 프로젝트를 마치 내 자신의 문제로 받아들이는 것을 반복하다 보니 프로젝트의 진행 상황에 따라 극도의 흥분과 우울을 오가는 지경에 이르렀다. 오히려 내 사생활에는 갈수록 무덤덤하거나 무반응으로 일관했다.

또한 다른 이들의 생각과 감정에만 몰입하다보니 막상 내 자신에게 쓸 여력이 남지 않았다. 내가 무엇을 생각하고 느끼는지 들여다봐야 더 피곤할 뿐이라며 나를 자꾸만 맨 뒤로 미루고 또 미뤘다.

다른 이들의 높은 기대와 기준에 나를 맞추는 것이 익숙했고, 나 또한 다른 이들에게 완벽함을 기대하며 갈수록 피폐한 내면과 불편한 관계 속에서 헤매고 있었다. 이는 몸의 신호로도 나타났다. 난소에 10센티미터가 넘는 혹과 작은 혹들을 포함한 심각한 자궁내막증을 발견하였고 자연 임신과 출산이 어렵다는 판정을 받았다.

나를 일깨워준 것은 몸속의 혹 하나였다. 이를 계기로 남들의 시선과 완벽함에 집착하며 발버둥 치던 삶을 멈추고 나의 몸과 마음, 내 안에 숨어있던 진짜 내 모습을 들여다보기로 했다. 나도 모르게 폭발하는 분노와 폭력적인 언어 표현들은 반복된 후회를 가져왔고, 그 결과 내 안에 뿌리 깊은 부정적인 감정 습관을 발견한 것이다.

마흔이 된 지금, 다양한 방법으로 나를 들여다보는 데 집중한 그간의 과정은 나처럼 삶에 지쳐 몸과 마음이 무너진 이들에게 꼭 필요한 것들을 일깨워 주었다. 현재는 마음과 몸이 모두 회복되어 행복한 결혼 생활을 누리고 있으며, 자연 임신을 통해 건강한 출산도 했다. 그리고 그간의 깨달음을 담아 매일 새벽, 최고의 행복감을 누리며 이 책을 썼다. 이것이 내가 어찌 보면 더 쉽게 쓸 수 있는 마케팅 분야가 아닌 감정에 대해 쓰게 된 이유다.

이 책은 대한민국의 직장과 가정에서 치열하게 살아온 이들을 위한 공감과 위로인 동시에 감정을 기반으로 한 자기계발서다. 수

많은 자기계발서를 읽어 보았지만 실제 행동으로 이어지는 책들은 결국 내 감정을 흔들어 행동하게 하는 책이었다. 단순히 자신을 토닥토닥거리며 힘든 상황에 대한 위로만 받기 원한다면 이 책을 절반밖에 활용하지 못하는 셈이다. 이 책은 힘든 상황을 위로하는 데 그치지 않고, 경험으로 확인한 셀프 코칭 방법과 성장 방향을 함께 제시한다.

진정한 나를 모른 채 주위에 휩쓸린 자기계발은 난개발이며 감정의 독소가 된다. 타고난 본래의 자아는 건강하다. 다만 과거의 나처럼 반복된 감정 습관으로 그 존재를 잊은 채 만들어진 모습으로 살며 고통당했을 뿐이다. 이제 본래의 건강한 자아를 회복하는 진정한 자기계발을 해보자. 이미 내가 가지고 있던 크고 건강한 날개로 자유롭게 날아오르는 자신을 상상해보라.

덧붙여, 이 책이 나오기까지 도움을 주신 많은 분들께 감사를 전한다. 사랑하는 아들과 말보다 행동으로 진정한 배려와 존중을 보여주는 남편에게 감사하다. 언제나 내 편인 든든한 부모님과 동생, 따스한 사랑으로 지켜봐 주시는 시부모님께도 감사하다. 책을 쓰고 새로운 삶을 사는데 큰 용기를 주신 소중한 멘토와 아낌없는 응원을 보내준 꿈맥들 덕분에 할 수 있었다. 출판사 대표님과의 첫 미팅이 기억난다. 대표님과 든든하게 지원해준 편집자님, 관계자 분들 덕분에 이 책이 세상에 나오게 되었다. 항상 감사하며 더 큰 발전의 응원을 보낸다.

　나는 이제 '감정코칭연구소'의 대표코치로 나와 같이 힘들었던 이들에게 새로운 기회와 방향을 보여주며 함께 성장하는 삶을 살기로 했다. 또한 코치를 키우는 코치로서 갈수록 험한 세상과 인생길에서 보다 많은 이들이 감정코칭을 경험할 수 있도록 하는 더 큰 꿈을 꾸고 있다. 우리가 꿈꾸고 상상하는 모든 것은 현실이 된다. 바로 지금, 여기서부터 시작이다.

감정코칭연구소 대표코치 최현

CONTENTS

1장

나도 다시 행복해질 수 있을까

2장

나도 몰랐던 진짜 나와 마주하라

3장

감정 습관을 바꾸기 위해 먼저 해야 할 것들

4장

내 감정의 주인이 되는 7단계 감정 코칭

5장

좋은 감정이 나의 모든 것을 바꾼다

1장

나도 다시 행복해질 수 있을까

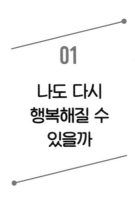

01
나도 다시
행복해질 수
있을까

대학 졸업 후에는 취업만 하면 모든 근심 걱정에서 벗어날 것 같았다. 특히 요즘처럼 취업난이 심한 때에는 더 말할 것도 없다. 평생직장이 아니어도 상관없다. 어디든 들어가서 '취업준비생'을 벗어나고 싶다. 당장 취업이 급하다고 아무 곳이나 들어가면 얼마 못 가 그만두기 십상이다. 그렇다고 누구나 원하는 곳에 골라갈 수 있는 건 아니니 적정한 수준에서 타협하는 경우도 많다.

첫 직장이 중요하다는 이야기를 참 많이 듣는다. 첫 직장으로 향후 진로가 결정되어 쉽사리 바꾸지도 못한다고 말이다. 나의 첫 직장도 최고의 선택이라기엔 조금 부족한 면이 있었다. 당시로서는 최선이었다 하고 싶지만 솔직히 내가 하고 싶은 일이 무엇인지 몰랐다. 당장 갈 만한 곳, 될 것 같은 곳을 골라 가장 먼저 합격한 곳에 바로 입사했다. 취직만 되면 독립해 멋지게 살리라는 기대와 달리 일상은 그다지 달라지지 않았다.

업무는 생각보다 쉽고, 함께 일하는 사람들도 착하고 성실한 이들이었다. 친하게 지내는 동료들도 생겨 함께 맛있는 것도 먹고 해외여행도 다녔다. 그런데 한 2년쯤 지나자 이상하게 모든 게 다 시시해 보였다. 할 일이 있었고 젊음과 건강도 있었다. 신나고 생기 넘쳐야 할 20대 중반에 나는 오히려 기가 죽었다. 문득 거울로 비치는 내 자신이 초라해 보였다.

최근 인기를 끌고 있는 TV 프로그램 '알쓸신잡'에서 전직 정치인이었던 유시민 작가는 이렇게 말했다.

"자기의 얼굴이 마음에 들면 그대로 살면 되고 자기의 얼굴이 좋았다가 나빴다가 하면 뭔가를 고칠 생각을 해봐라. 만약 자기의 얼굴이 다 안 좋다면 직장을 바꿔라."

이 대목에서 나는 무릎을 치며 공감했다. 나 역시 이런 이유로 첫 직장을 떠났기 때문이다. 아침마다 거울을 보면 내가 하고 싶은 일을 찾아서 도전하지 못했다는 아쉬움과 미련만 보였다. 이제는 내가 원하는 곳에서 도전하며 살아보리라 마음먹었다. 더 나은 조건으로 이직도 하고 마케팅 석사 과정을 거치며 외국계 기업의 마케팅 컨설턴트가 되었다.

하고 싶은 일에 파묻히는 것이 그렇게 행복한지 처음 알았다. 매일 나를 시험하는 강도 높은 일들의 연속이었지만 내 길이라 믿었다. 야근, 출장 그런 것쯤은 아무 문제도 아니었다. 밤샘도 부지기수고, 해외 출장에서는 거의 매일 20시간 가까이 일하면서 버텼다. 그 결과 3년 연속 특진과 최고 등급 인사평가를 받으며 두둑한 인센티브도 챙겨보았다. 30대 부장, 팀장이라는 명목으로 강남의 오피스텔에서 비싼 월세를 내며 폼 나는 외제차도 현금으로 사서 타고 다녔다. 인터넷에서 '골드미스' 기사라도 보면 내 이야기라며 내심 으쓱했다.

나를 일깨워준 것은 내 몸속의 혹 하나였다. 직장 10년차, 눈을 가린 경주마처럼 앞만 보고 열심히 달리다가 '자궁내막증' 판정을 받고서 비로소 정신이 들었다. 흔히 남자의 스트레스는 고혈압, 당뇨, 고지혈 같은 성인병으로 오고, 여자의 스트레스는 자궁, 난소 등 여성 기관 질병을 통해 온다고 한다. 자궁내막증은 말 그대로 자궁내막에 있어야 할 조직이 밖으로 나오면서 기형종을 만드는 증상이다. 내 경우 난소에 생겼는데, 혹의 크기는 10cm나 되었다. 작은 혹들도 더 있었다.

산부인과에서는 당장 입원 수술해야 한다고 했다. 크기가 커서

혹이 움직이거나 터지기라도 하면 응급 상황이 된다고 말이다. 미혼으로 산부인과 수술이라니 암담했다. 이때가 2주간의 미국 출장을 앞둔 며칠 전이었다. 일단 수술만은 피해보고자 이것저것 찾아보던 중 한방치료를 알게 되었다. 자궁내막증으로 유명하다는 한의원을 찾아 예약까지 마쳤다. 귀국하는 다음 날 바로 가볼 참이었다.

예상과 달리 그곳엔 다양한 최신기기들을 통한 선행 검사 과정이 있었다. 그중 인상 깊은 것은 전신을 스캔하여 온도를 측정하는 것과 스트레스 지수를 알아보는 검사였다.

"도대체 뭐 하시는 분인가요?"

검사가 끝나고 진료실 의자에 앉기도 전, 한의사가 안경 너머 눈을 치켜뜨며 나에게 묻는다.

"스트레스 수치가 왜 이렇게 높죠? 차트에는 회사원이라고 적혀 있던데, 정확히 무슨 일을 하시나요? 보통 직장 다니시는 분들 스트레스가 이렇게까지 높지는 않습니다. 위험합니다."

그는 치료 자체도 중요하지만 스트레스를 다스리는 것이 최우선이라고 했다. 일을 당분간 그만두고 무조건 쉬라고 진지하게 권했다. 수술은 당장의 혹을 제거하기는 하지만 환경이 달라지지 않는 한 재발하는 것은 시간문제라고 했다. 언제까지나 수술을 할 수도 없고 미래의 임신과 출산도 위해서라도 휴식과 치료가 최선이라고 했다.

병원을 나서니 어느덧 해가 지고 있었다. 다른 때 같으면 오늘 하루도 최선을 다했노라, 아낌없이 쏟아부었노라 스스로를 자랑스러워할 시간이다. 그때만큼은 그럴 수가 없었다. 내가 그렇게 치열하게 살아서 얻은 것이 고작 이런 것이라니. 이제 조금만 더하면 완벽하게 행복하리라 믿었는데, 나의 헛된 믿음과 달리 내 몸은 이미 알고 있었던 것이다. 이렇게 될 동안 나는 뭘 하고 있었던 건가.

집으로 돌아와 들여다 본 거울 속의 나는 한없이 작고 볼품없었다. '자기관리의 여왕'이라 불리며 술, 담배는 물론이고 빵 하나, 라면 한 개, 커피 한 잔까지 절제했다. 과중한 업무와 야근, 회식, 출장 중에도 몸무게가 1kg도 변하지 않던 나였다. 그런 내가 수술 후 완치도 없고 임신과 출산도 힘들다는 병에 걸린 것이다. 여기엔 분명 이유가 있을 것이다. 그렇지 않고서야 누구보다 열심히 살아온 나에게 이럴 수는 없지 않은가.

감정은 시련을 통해 비로소 생생하게 느껴진다. 어둠을 통해 빛의 존재를 확실하게 깨닫듯 시련을 통해 다양한 감정의 경험이 풍부해진다. 추후 감정을 선택하고 조절하기 위한 기초 과정과도 같다. 일상에 가려 진짜 내 모습을 보지 못하고 내 목소리를 들을 수 없던 나에게 시련이라는 촉매제가 한 방울 떨어졌다. 그와 동시에 내 안에 숨어 있던 감정의 조각들이 한꺼번에 모두 떠오르기 시작한 것이다. '내 안에 이런 것도 있었나' 싶을 만큼 다양한 감정들이다.

애써 피해왔던 내 안의 목소리가 들려왔다. 처음엔 익숙하지 않은 감정의 목소리와 이야기를 나누는 것이 두려웠다. 그래도 하나하나 기꺼이 맞아들여 처음부터 차근차근 느껴 보기로 했다. 그렇지 않으면 이렇게 많은 감정의 조각들에 나의 몸과 마음이 난도질당할 것만 같았다. 감정을 기꺼이 맞아들이자 무수한 조각들이 몰아치던 소용돌이도 점차 줄어들었다. 엄청나게 커 보였던 감정의 덩어리도 조금씩 풀려나갔다. 온몸에 힘이 들어가 있던 나에게도 차츰 편안함이 찾아왔다. 감정에 휘말리지 않기 위해 애써 힘주지 않아도 스스로 서 있을 수 있게 된 것이다.

내가 시련을 마주해야 했던 이유였다. 행복을 찾아 헤매던 나에게 가장 필요한 것은 물질적 보상이나 다른 이들의 찬사가 아니었다. 내 안에 어지럽게 쌓여있는 감정의 조각들을 하나씩 마주하고 살펴보며 맞춰가는 일이었다. 자꾸만 미뤄두고 감춰둔 감정의 덩어리가 의사의 눈에 보이는 커다란 스트레스로 나타난 셈이다. 노력에 대한 대가가 없다며 실망한 나에게 사실 '내 감정 돌아보기'라는 큰 선물이 기다리고 있었다. 그 선물이 이끄는 대로 커다란 감정의 덩어리를 조금씩 풀어내자 진정한 내 마음이 모습을 드러냈다. 잊은 줄 알았던 진짜 나를 만난 것이다. 나를 가장 힘들게 했던 감정이 진짜 나를 만나게 해 주었다.

시련이 없는 것이 행복이 아니었다. 일시적으로 좋아 보이지만 엄밀히 말해 완전한 모습은 아니다. 완전함이란 '모든 것을 두루 갖추고 모자람이나 흠이 없는 상태'를 의미한다. 완전한 행복 속에는 시련도 있고 그에 대한 극복도 함께 있는 것이다. 이 둘이 조화를 이룰 때가 완전한 행복이다. 행복은 이러한 조화와 균형을 찾아 유지해가는 과정과도 같다. 잘 조율된 저울처럼, 때로는 한쪽으로 기울고 때로는 한쪽이 더 커 보이기도 하지만 올바른 균형점이 있는 한 원래의 자리로 돌아온다. 그 균형점은 다름 아닌 순수한 내 모습이며 오염되지 않은 감정이다. 지금 행복하지 않다고 느낀다면, 거울 속 내 모습이 마음에 들지 않는다면 내 안의 감정부터 살펴보자. 건강한 감정의 균형이 있는 한 누구나 언제든지 행복할 수 있다.

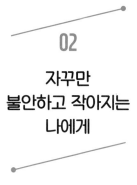

02
자꾸만
불안하고 작아지는
나에게

　나는 지금 여섯 살 별님반 유치원생이다. 오늘은 유치원 원감 선생님한테 피아노 레슨을 받는 날이다. 다른 아이들은 모두 집으로 돌아갔다. 눈앞엔 크게 펼쳐진 악보가 있고 한쪽에는 선생님이 그려놓은 동그라미 20개가 있다. 한 번 칠 때마다 하나씩 선을 그어 20개가 되면 선생님을 부르러 가기로 했다. 혼자 남겨져 몇 번인가 악보를 따라 쳐보지만 동그라미는 줄어들 줄 모른다.

　어두워진 교실이 무서워 참다못해 남은 동그라미를 모두 그어버리고 선생님께 달려 나갔다. 교실로 돌아온 선생님은 굳은 얼굴로 악보대로 똑같이 쳐보라고 했다. 그리고는 내 손가락이 악보와 다른 음을 짚을 때마다 손등을 자로 때렸다. 한 번씩 맞을 때마다 선생님이 '네가 연습 안 한 거 다 알아. 어디 한번 끝까지 해보자'

하시는 것만 같았다. 교실이 어두워 무서웠다는 말은 꺼낼 수도 없었다.

그날 이후 나는 피아노 치는 모습을 보여주기가 너무나도 두려웠다. 건반에 손을 얹으면 손등이 스멀스멀해졌다. 새로운 곡을 시작할 때는 더듬거리는 것이 당연한데도 그 모습을 보여주기 싫어서 머릿속으로만 몇 번이고 쳐보았다. 아무것도 몰랐던 엄마는 '너는 신중한 아이라서 아무렇게나 치지 않았다'고, '한동안 가만히 악보를 들여다보고 나서야 쳤다'고 당시를 기억하셨다. 어찌 됐든 나는 피아노 치는 게 싫었다.

그때의 내가 가장 듣고 싶었던 말은 '선생님이 불을 켜두는 걸 깜빡 잊었어. 정말 미안해. 어두운데서 혼자 얼마나 무서웠니!' 또는 '이렇게 어두워질 때까지 씩씩하게 연습하고 있었네? 우와, 대단하다. 멋지다!' 같은 것들이었다. 적어도 나를 꼭 안아주며 이런 말을 해주는 선생님이 계셨다면 피아노 치는 일은 두고두고 큰 즐거움이 되었을지도 모른다.

지금 당신이 가장 듣고 싶은 한마디는 무엇인가? 퇴근 길 라디오에서 들려오던 '수고했어 오늘도'라는 제목의 노래가 떠오른다. 열심히 일하고 집으로 돌아온 나에게 해주고 싶은 한마디로 제격이다. 얼마 전 우연히 이 노래를 다시 들었을 때 예전의 내가 떠올랐다.

일과는 새벽 5시에 시작했다. 경기도 광주에서 서울 강남까지 출퇴근하려니 그럴 법도 하다. 7시부터 8시 20분까지 주 4일 영어 회화 학원을 다니고 저녁엔 야근도 해야 한다. 그 와중에도 업무 역량 강화를 위한 강좌를 찾아다녔다. 주말에는 문화생활을 위해 서점, 전시회, 콘서트, 뮤지컬, 연극을 두루 둘러보고, 보육원에서 아이들을 가르치고 교회에서 봉사도 했다.

왜 그렇게 살았냐고 묻는다면 당연히 '행복해지고 싶어서'다. 무조건 뭔가 끊임없이 하면 더 나은 내가 되어 행복할 줄 알았다. 이것저것 남들 하는 건 다 하면서도 자꾸만 부족한 느낌이 들었다. 그럴수록 '내가 더 노력해면 분명 행복해질 거야'라며 스스로를 몰아갔다.

자기계발은 다 좋은 것이라 믿었다. 가능한 많은 사례들을 동시에 접하며 한꺼번에 실천하고자 무리한 계획을 세우고 쫓아갔다. 그때는 몰랐다. 나에게 맞지 않는 자기계발은 '난개발'이 된다는 것을. 마구잡이식으로 이것저것 끌어온 볼품없는 모양새다. 내가 어떻게 생긴 사람인지, 나에게 진짜 필요한 것이 무엇인지를 알아볼 새도 없이 들쑤시고 다니는 것은 진정한 계발이 아니었다.

어느 밤, 침대에 쓰러지듯 누웠는데 잠이 오지 않았다. 몸은 너무나 피곤한데 정신만은 말똥말똥했다. 이런저런 생각을 하다가 문득 깨달았다. 무조건적인 노력만으로는 결코 행복해지지 않는 것을. 방향도 없이 '이렇게 하면 좋다기에', '저것도 해야 한다기에' 하는 식으로는 어림없었다. 어디까지나 나의 '부족함'에 초점을 두는 것이기 때문이다. 아무리 해도 부족함을 메우는 정도밖에는 안 된다. 그 이상은 얻을 수가 없었다.

자신의 부족한 부분에만 초점을 맞추면 자아가 한없이 작아진다. 상대적으로 나를 둘러싼 세상은 엄청나게 커 보인다. 당연히 더 커 보이는 세상을 기준으로 나를 맞추려고 애쓰게 된다. 그럴수록 나는 점점 작아지고 세상의 무게에 짓눌린다. 막연한 불안감에 쫓겨서 방향 없는 노력을 쏟아붓는 것은 그야말로 '밑 빠진 독에 물 붓기'다. 밑 빠진 독은 물을 부을 것이 아니라 빠진 밑부터 막는 것이 우선이다. 아니면 아예 새로운 독을 준비해야 한다. 어쨌든 기본은 물이 새지 않고 채워지는 것이다.

밑 빠진 독을 막는 것은 자아가 회복되는 것과도 같다. 이제 세상이 내가 감당 못할 만큼 커 보이지 않는다. 세상과 내가 동등한 정도로 보이게 된다. 동등한 관계에서는 서로 주고받는 것이 당연하다. 어느 한쪽에만 맞출 필요가 없다. 나의 기준에 따라 선택할 수도 있고 세상에 순응하며 물 흐르듯 살아갈 때도 있는 법이다. 내가 진짜 나의 모습을 완전히 회복하고 자아가 성장하기 시작하면 상대적으로 세상이 작아 보이기도 한다. 이제 세상에서 내가 원하는 것은 무엇이든 이룰 수 있는 확신의 단계에 이르는 것이다.

　오늘도 자꾸만 작아지는 이유는 자신의 부족함만을 보고 그곳을 채워야 한다는 강박관념 때문이다. 나의 작은 자아가 가리키는 그곳을 채우지 못하면 모든 것이 제대로 안 될 것 같은 불안감 때문이다. 실체 없는 불안감이 나의 작은 시도조차 가로막는다. 완벽하지 않으면 사랑받을 수 없다는 생각에 사로잡힌다. 나도 나를 사랑하지 못한다. 부족한 부분이 채워지기만을 기다리며 사랑을 미루는 것이다. 나를 사랑하지 못하면서 다른 이들과의 관계가 제대로 될 리 없다. '나는 왜 이럴까' 하던 고민은 어느새 '내 주변은 다 왜 이럴까'로 빠르게 확장된다. 자신과 주변에 대한 불만은 맹목적인 노력이라는 또 다른 집착을 낳는다.

　누군가가 완벽해서 사랑한 적이 있는가? 완벽해 보여서 선망할 수는 있겠지만 실체를 하나하나 들춰보면 완전무결한 인간은 없다. 완벽하지 않아도, 오히려 완벽하지 않아서 더 사랑스러운 게 인간이다. 피아노 건반 위 서툴게 내미는 여섯 살 아이의 손가락처럼 그 자체로 이미 충분히 사랑스럽다.

진정한 자아의 모습은 튼튼하고 커다란 독과 같다. 부정적인 감정 습관의 반복이 자신을 갉아먹으면서 밑이 빠진 독을 만들어버린 것이다. 밑 빠진 독의 물 붓기처럼 뒤늦게 자기계발이라는 이름으로 아무리 많은 노력을 퍼부어도 남는 것은 없다. 그러니 더 이상 자책하지 마라.

지금 당장 해야 할 것은 본래 가지고 있던 튼튼한 나의 자아를 회복하는 일이다. 일단 이러한 참모습이 회복되면 원하는 모든 것들이 차곡차곡 제대로 쌓여갈 것이기 때문이다. 나만 모르고 있을 뿐 내 마음속 어딘가에는 본래의 튼튼한 자아가 아직 숨 쉬고 있다. 오늘도 불안하고 작아지려 한다면 내 안에 숨겨진 온전한 내 모습을 떠올리자. 잊었던 기억을 되살려 회복하는 일만 남았을 뿐이다.

03
문제는
자존감
이다

　사전에서 자존감(自尊感)은 '스스로 품위를 지키고 자기를 존중하는 마음'이라 한다. '스스로 품위를 지킨다'는 것은 어떤 의미일까. 여기에는 자기만의 해석이 필요하다. 나에게 품위란 '어떤 경우에도 내가 나를 부끄러워하지 않는 것'을 의미한다. 스스로 품위를 지키는 것은 '어떤 경우에도 나에게 만큼은 내가 최고가 되는 것'이다.

　자존감의 핵심은 '스스로'다. 다른 이들이 붙여준 이름으로 품위는 가질 수 있겠지만 그것을 스스로 지키지 않는 한 자존감이 될 수 없다. 다른 이들이 공주라고 하든 여왕이라고 하든 스스로 그것을 인정하고 받아들이지 못하면 아무 의미가 없는 것이다. 실제로 화려해 보이는 많은 이들이 스스로를 하녀로 시녀로 여기며 괴롭히는 경우가 얼마나 많은가.

　'자기를 존중한다'는 것은 무엇인가. 누군가를 존중한다고 할 때 그 속을 들여다보면 일단은 개인의 고유한 것을 침해하지 않는 것을 전제로 한다. 각자를 인정하고 건드리지 않는 것이다. 자기를 존중할 때도 다른 이들이나 외부적인 환경, 상황으로부터 나를 지키는 것이 기본이다.

　'자신의 품위를 지키고 스스로를 인정하며 나아가는 것'이 힘들어질 때, 즉 자존감에 틈이 생길 때 항상 문제가 생긴다. 가까운 사람일수록 자존감의 틈은 더 잘 보인다. 악의가 있어서라기보다 본능적으로 알아차린다. 가장 가까운 가족이 씻을 수 없는 상처를 주는 것도 이 때문이다. 가족이라는 이름으로 알게 된 그 틈이 가장 쉽게 곪아 들어간다. 가족이라는 이유로 남에게 이야기하기도 어렵다. 자존감을 키워주어야 할 부모와 가족이 자존감의 가장 큰 적이 되는 경우는 참으로 많다.

　내가 나에게 최고라는 것을 믿지 못할 때 생기는 불안감이 다른 이들에게 의존하게 한다. 내가 하는 선택은 믿을 수가 없는 것이다. 내 것은 다 시시하고 남이 하는 것은 다 그럴싸해 보인다. SNS

의 발달로 헤어, 메이크업, 옷 입기에서부터 직장, 직업, 결혼, 이혼, 재혼까지 인터넷 커뮤니티에는 온갖 '질문'과 '허락 구하기'들로 넘쳐난다.

질문은 말 그대로 모르는 것을 묻고 대답을 얻는 것이다. 몰라서 묻고 아는 이가 대답해 주면 끝난다. 허락 구하기는 좀 다르다. 질문에 답을 주어도 계속해서 묻고 또 물어가며 빙빙 돌린다. 듣다 보면 '그럴 거면 하지 마!' 소리가 절로 나온다. 본인도 답은 알지만 행동으로 옮기고 싶지 않은 마음을 남에게 떠넘기는 것이다. 스스로 결정한 적 없으니 책임지기도 싫다.

혼자서는 아무것도 결정하지 못하고 자신의 책임을 떠넘긴다면 도대체 나는 뭐가 되는가. 자기 결정도 훈련이고 습관이다. 처음엔 당연히 어렵고 어색하다. 어려서는 착한 아이라서, 커서도 누군가 나를 챙겨주는 느낌이 편했을지 모른다. 문제는 이것이 결정적인 순간에 나의 발목을 잡는다는 것이다. 어느새 바닥을 친 자존감이 다른 이들의 말만 들으라고, 그래야 나중에도 맘 편히 남 탓을 할 수 있다고 속삭인다.

감정 조절이 힘들다며 나에게 도움을 요청하는 이들 중에서도 자존감의 기초가 부실한 경우가 많다. 자신을 제대로 알아보거나 마주해 본 적이 없기에 조절이라는 것이 애초에 존재하지 않는다.

알지도 못하는 걸 어떻게 조절할 수 있겠는가. 자존감은 그 자체로도 너무나 중요하지만 감정을 선택하고 조절하기 위한 기초 작업으로도 반드시 필요하다.

내 삶이 내 것이라고 느껴지지 않는다면, 내가 내 말을 믿고 있지 않다면 문제는 자존감이다. 자존감은 나를 지키는 가장 기본적인 힘이다. 나부터 나를 받아들이고 귀를 기울이는 것이 자존감의 기초다. 내가 있어야 할 곳에 다른 이들의 생각과 감정을 끌어다 놓기 시작하면 나의 자존감이 자꾸만 눌린다.

나는 나에게 최고가 되어야 한다. 누가 뭐라고 해도 나에게 가장 좋은 것을 주는 것은 내 자신이다. 내가 나의 이야기를 듣고 행할 때 나의 자아는 힘을 얻는다. 어떤 현실에서도 든든히 두 발을 딛고 설 용기가 된다. 그런 당당함이야말로 나의 품위를 만들고 나의 존재를 가치 있게 한다. 만약 오늘도 남에게 휘둘리고 다른 이들의 허락을 기다리고 있었다면 지금이야말로 '자존감'을 돌아볼 기회다.

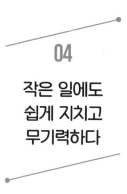

04

작은 일에도
쉽게 지치고
무기력하다

어느 날 링컨 대통령이 반대당 의원으로부터 공격을 당했다.

"당신은 두 얼굴을 지닌 이중인격자입니다."

그 말을 들은 링컨 대통령은 대수롭지 않다는 듯이 대답했다.

"그래요? 내가 정말 두 얼굴을 갖고 있는 사람이라면 둘 중에 왜 하필 이렇게 못생긴 얼굴을 달고 다니겠소?"

모두가 알아주는 못생긴 외모, 사업 실패, 사랑하는 이의 죽음, 정신과 치료, 각종 선거에 연달아 패배. 우리가 상상하는 웬만한 부정적인 경험은 다 갖춘 흔치 않은 인생사다. 이쯤 되면 세상을 원망하며 자기비하와 연민에 빠질 법도 한데 링컨 대통령은 달랐다. 결코 다른 이들의 판단에 자신을 내맡기지 않았다. 위의 일화처럼 어떤 경우에도 여유를 잃지 않으며 원하는 바를 끝까지 해낸 인생의 성공자로 지금도 회자되고 있지 않은가. 나는 때때로 힘 빠지는 일을 겪을 때면 링컨 대통령의 얼굴을 떠올리며 한 번 더 힘을 내곤 한다.

얼굴 이야기를 하다 보니 생각나는 두 명이 있다. 지금은 퇴사한 회사 선배들인데, 둘 다 유명한 만화 캐릭터와 꼭 닮았다. 그들은 각각 다른 시기에 나와 근무했다. 외모는 물론 말투와 행동까지 어찌나 비슷한지 한 명을 볼 때마다 다른 한 명이 자동으로 떠오를 정도였다.

외모가 닮은 것 외에도 그들에게는 남부럽지 않게 많이 배우고 열심히 일했다는 공통점이 있다. 나름 화려한 20대, 30대를 보냈지만 40대에 들어서자 갑자기 모든 것이 시들하다는 이야기를 종종 꺼냈다. 젊고 자신만만했던 예전과 달리 이제 자신의 모습을 보는 것조차도 썩 내키지 않는다고 했다.

"자극 받겠다고 다른 이들이 좋다고 하는 것들을 따라 해봤지만 나보다 활기 넘치는 이들을 볼수록 더욱 거리감만 느껴지더라. 세상만사가 다 귀찮고 무의미해."

그렇게 '건강상의 이유'라는 똑같은 사유로 퇴사한 것이 그들의 마지막 모습이었다.

'번아웃(Burn-out) 증후군'이라는 말이 들려온다. 말 그대로 몸과 마음을 활활 태워 아무것도 남지 않은 상태다. 어느 순간 완전히 무기력에 빠져 쓰러져 버리는 것이다. 자신보다 다른 이들을 더 위해야 하는, 소위 말해 '감정 노동'의 강도가 심할수록 더 쉽게 나타난다고 한다. 본인의 감정과 관계없이 모든 것을 눌러 참도록 강요받는 것이다. 긍정이든 부정이든 감정에는 에너지가 소모된다. 아무리 긍정적인 감정만 사용한다 해도 에너지를 소모하고 다시 채울 길이 없으면 얼마 못 가 소진되고 만다.

진정한 나의 모습을 알지 못한 채 주위의 시선과 기대에 따라 만들어진 모습으로 살아갈수록 '진짜 나'와 '만들어진 나' 사이는 점점 멀어진다. 만들어진 나에게 진짜 감정은 없다.

무엇에든 무감각해지면서 아무것도 하고 싶지 않은 무기력이 찾아온다. 우울감의 시초다. 어찌 보면 슬퍼하거나 화내는 표정보다 더 위험한 것은 무표정이다. 의무적인 표현 외에 진정한 감동이나 놀라움, 감사가 없다는 뜻이기도 하기 때문이다. 삶의 감흥이 사라지는 것이다. 현재 자신의 모습을 볼수록 더 심각해진다. 여기에 점차 잃어가는 내 모습을 남이 알까봐 불안해지기도 하면서 자신에 대한 부정적인 자아상이 강화된다. 내가 나를 싫어하고 보고 싶지 않다. 갈수록 '나는 왜 이런가', '이런 내 모습이 싫다'는 것이다.

작은 일에도 쉽게 지치고 무력해지는 '번아웃'이 무서운 이유가 여기에 있다. 단지 지치고 힘들어서 잠시 쉬고 나면 좋아질 성격의 것이 아니다. 오랫동안 자신의 모습을 잃어버리고 만들어진 현재의 모습에 억눌려 힘들어하고 있기 때문이다. 자신의 모습을 잃어버린 줄도 모른 채 '아무것도 하기 싫다', '어떤 것도 의미가 없다'며 주저 앉는다.

한편, 친구에게 들은 20대 J의 소식은 충격적이었다. 친구와 한 동네에서 가깝게 지내는 분들의 늦둥이 아들인데, 술집에서 칼에 찔려 숨졌다는 것이다. J의 집안은 소위 예전에 잘나갔던 동네 유지 다. 위로 누나만 셋인 J는 공부엔 그다지 취미가 없어 대학도 포기 하고 어학연수 겸 해외에서 한 2년 살았던 모양이다. 돌아와서 처 음에는 독립하겠다며 일자리를 알아보았지만 원하는 곳에서는 뽑 아주질 않았고, 누나들이 소개시켜준 자리들은 모두 성에 차지 않 아 몇 달 안에 박차고 나오기 일쑤였다.

부모는 막내아들이 기죽을까봐 노후 자금을 끌어다가 사업 밑 천을 마련해 주었다. 그는 꽤 큰돈을 별다른 소득 없이 모두 까먹었 다. 이후로는 하루가 멀다 하고 비슷한 무리와 몰려다니며 술을 마시다가 말 그대로 '쳐다봤다'는 이유로 싸움이 붙어 상대방의 칼에 찔려 숨지고 만 것이다.

'쳐다본다'는 게 문제가 될 때는 보통 두 가지 경우다. 하나는 적개심을 가진 상대방이 전의를 가지고 시비를 걸 때이고, 다른 하나는 상대방은 별다른 의도가 없었는데 내가 나에게 떳떳하지 못해 무엇이든 고깝게 보일 때이다. J의 경우 서로 일면식도 없던 사이였던 만큼 피차 떳떳하지 못한 사람들 간의 충돌이었던 것 같다. 그러다가 칼을 가진 쪽이 상대를 찌른 것이다.

번아웃 증후군과는 또 다른 의미로 J와 같은 이들도 반복해서 나타나는 자신의 무력함이 괴롭다. 우울감이 들지만 인정하고 싶지는 않다. 다른 이들이 알아차릴까 두려운 마음이 겉으로 더 강한 척으로 나타난다. '나는 괜찮다'는 식의 자기 과시다. 이 또한 진짜 자신의 모습과는 거리가 멀다.

뜻대로 되지 않는 삶이 계속되면서 '나는 왜 그런가?' 의문이 생기지만 쉽게 해결되지 않는다. 스스로는 한다고 했는데 하필 나만 재수 없게 안되는 기분은 차츰 대상 없는 분노로 변해 엉뚱한 곳에서 터져 버린다. 분노는 스스로의 좌절감, 무기력함을 인정하는 것과도 같다. 자신의 내부에 자리 잡은 마음이 없었다면 술을 마셨다고 해도 누군가가 쳐다본다고 기분 나쁠 이유는 없다. 내 안에 자리 잡은 분노가 망상을 촉매로 폭발하고 만 것이다.

만들어진 나의 모습으로 위축된 자아가 고통 받는 일은 일상적으로 일어난다. 나를 제외한 다른 이들은 모두 잘나 보인다. 그들은 뭘 해도 다 쉽게 성공한다. 똑같은 것도 내가 하면 지지리도 안 되는 것만 같다. 몇 번 해보다가 '아, 난 안되나 보다' 하고 포기하기 일쑤다. 자신의 모습이 부정적으로 보일 때 아무것도 하기 싫고 할 수 없을 것 같은 무력감이 여지없이 따라온다.

한번 굳어진 '만들어진 자아상'은 쉽사리 바뀌지 않는다. 소위 말해 '힐링'이라는 일시적인 기분전환으로 해결될 게 아니다. 진정한 원인을 알지 못한 채 힐링을 위한 힐링을 하는 것뿐이다. 이는 또 다른 형태의 피로감이 되어 자신을 더 약하고 부정적으로 만들 수도 있다.

'힐링해 봐도 소용없네.'

'그럼 그렇지……'

겉으로 보이는 문제만이 아닌 '진짜 나'를 찾기 위한 적극적인 해체 작업을 해야 할 때이다.

작은 일에도 쉽게 지치고 무기력해진다면 거울이 아닌 내 마음에 비친 내 모습을 바로 보아야 한다. 진짜 내 모습을 찾아 그 모습으로 살아가면 더 이상 만들어진 나에게 압도당하지 않는다. 감정에 에너지를 쏟더라도 언제든지 원래의 나로 돌아와 균형을 찾을 수 있는 기준점이 생기기 때문이다.

진짜 내 모습을 찾기가 두렵게 느껴질 수도 있다. 현재의 만들어진 나로 살아가는 나에게는 예상치 못한 변화이니 당연하다. 우리는 괴로워도 익숙한 관성, 습관에 의지해 살고 싶어 하는 아이러니한 인간이기 때문이다. 아주 작은 변화도 일단은 거부하고 보는 것이다.

진짜 나를 찾는 일이 인생을 얼마나 크게 또 행복하게 변화시킬지를 기대한다면 당장의 작은 변화는 전혀 겁나거나 부담스러운 일이 아니다. 지금 우리에게 필요한 것은 하루 일과 중 아주 잠깐의 시간과 그 시간에 나에게만 집중하겠다는 단 한 번의 선택이다. 모든 변화는 여기서부터 시작된다. 중요한 것은 더 이상 미루지 않고 지금 즉시 선택하는 것, 그뿐이다.

05
왜 감정이
나를
힘들게 할까

"내 딸이지만 징그럽게 말 안 듣는다."

친정 엄마의 말씀이다. 일상적인 엄마 말씀은 상황에 따라 조금
씩 변주가 되긴 하지만, 어릴 때부터 지금까지 대부분은 크게 변함
없는 레퍼토리다. 언뜻 보면 특별할 것 없는 이야기지만 매일 반복
하여 듣다보니 나도 모르게 마음 깊이 자리 잡았다. 직장에 들어가
서도 밖에서 옛 통금시간인 밤 9시만 지나면 가슴이 두근두근하고
큰일이 일어날 것 같은 느낌도 이 때문이다. 야근으로 밤늦게 집으
로 돌아갈 때면 내가 뭔가 잘못했다는 생각에 사로잡히기도 했다.

이럴 적 엄마는 우리 남매에게 더할 나위 없이 헌신적인 동시에
정해진 규칙을 어기는 것에 매우 민감하셨다. 엄마의 표정과 행동

에서 내가 잘 못하고 있다는 것이 확연히 드러났기 때문에 엄마 눈치를 보는 것이 습관이 되었다. 때로는 나쁜 짓을 한 것도 아닌데 엄마가 나를 의심하지는 않을까 하는 생각만으로도 죄책감이 들곤 했다.

마흔이 된 지금까지도 엄마 눈에 나는 세상 물정 모르는 스무 살 대학생이다. 내 자식을 낳아 보니 더욱 이해가 된다. 그래서 예나 지금이나 변함없는 잔소리가 가능한 것 같기도 하다. 대신, 20년이 지나는 동안 듣는 내가 완전히 달라졌다. 이제 더 이상 불안하거나 죄책감이 들지 않는다. 대부분은 '그렇구나' 하면서 걸러낼 것은 걸러내고 듣게 된 것이다. 다 큰 딸에게 아직까지도 물심양면으로 쏟아주시는 정성만 기억에 남을 뿐 당시의 이야기는 전혀 기억나지 않을 때도 있다.

예전에는 그 말들을 모두 받아들이고 불안감으로 저장해 두었다. 비슷한 상황이 되면 나도 모르게 그 불안감을 꺼내어 자동으로 재생한다. 동시에 마음 한편에는 엄마 때문에 내가 하고 싶은 것을 참고 있다는 억울함을 채워가고 있었다.

나의 이런 모습이 엄마가 진정으로 원한 것이었을까? 이제는 그렇지 않다는 걸 안다. 곰곰이 따지고 보니 엄마는 본인이 아는 선에서 나름의 방식으로 메시지를 전한 것뿐이었다. 최대한 안전하게

갈 수 있는 길을 보여주고 싶었던 것이다. 다만 엄마의 원래 의도와는 다르게 부정적인 영향이 더 커진 탓이다.

달라진 것은 오직 나의 해석이다. 내가 나를 제대로 이해하고 바라보기 시작하면서, 내 주변과의 관계도 새롭게 이해할 수 있었다. 이러한 깨달음이 촘촘한 체가 되어 부정적인 영향은 걷어내고 '엄마의 사랑'만 남도록 해주었다. 더 이상 말 잘 듣는 딸은 아닐지라도 훨씬 행복한 내가 된 비결이다.

감정은 그 자체로는 아무런 의미를 갖지 못한다. 감정이 의미를 갖게 되는 건 나의 해석이 더해질 때이다. 그리고 그 해석이라는 것은 나의 환경과 상황에 따라 수시로 달라진다. 감정이 나를 힘들게 한다는 것은 내가 일시적으로 덧입힌 해석이 나를 힘들게 하는 것에 지나지 않는다. 나의 해석이 없는 한 감정은 아무런 영향이 없다.

얼마 전, 육아로 바쁜 친구 M의 전화를 받았다. 오늘은 전화를 받자마자 동네 이모 이야기다. 동네 이모는 친구의 아파트 같은 라인 위층에 사는 이모뻘의 이웃이다. 터놓고 지내지는 않지만 낯이 익고 신기할 정도로 자주 마주친다고 했다. 마주치는 것까지는 좋은데 그 동네 이모가 매번 아기와 관련해 지적을 한다는 것이 문제의 발단이었다. 옷이 두꺼우면 두껍다고, 얇으면 얇다고, 울면 운다고 한마디씩 하는 식이다. 그분과 마주치고 들어온 날이면 친구는 집안일을 하다가 갑자기 가슴 안쪽에서 화가 치밀어 오른다고 했다. 아까 들은 말들이 생각나면서 자신도 모르게 거친 말들을 내뱉다가 놀라곤 한다며 한숨을 쉰다.

M을 힘들게 한 것도 따지고 보면 그 아주머니의 말에 반응하는 자신이다. 자기도 모르게 반응한 감정의 표현이다. 내가 반응하기 전까지는 그들의 생각이고 느낌일 뿐이다. 딱히 무어라 좋고 나쁨을 판단할 것도 아니었다. 하지만 어떤 식으로든 반응하는 순간부터 나는 그것과 연관이 된다. 그들의 생각과 의견을 나누어 갖는다는 뜻이다. 그러면서 나의 생각과 느낌에 영향을 끼치기 시작한다.

나는 M에게 '긍정 선방 날리기'를 제안했다. 아이에게 관심을 보이거나 눈이 마주치면 무조건 큰 소리로 부모 전용 '아기처럼 말하기'를 시전한다. "이모 안녕하세요! 저는 ○○○이에요. 날씨가 좋아서 엄마랑 산책 나왔어요!"라고 선방을 날리는 것이다. 그럼 지적 대신 "아이고, 그랬어요? 따뜻하니 산책 가기 좋겠네"처럼 긍정 반응으로 자연스럽게 연결이 된다.

감정 에너지를 좋은 방향으로 그때그때 해소해 버리는 것이다. 당시에 풀어내지 못하고 참으면 자신과 상대에 대한 불만이 예상치 못한 때에 터져 나오기 쉽다. 혼자 삭힐수록 힘들어지는 특성의 친구 M에게는 이와 같은 방법이 분명 효과가 있을 것이다. 사람마다 가지고 있는 감정 해소의 특성이 있기 때문이다. 각자에게 맞는 방법으로 감정 에너지를 풀어내면 어색함 없이 쉽게 해결되는 경우가 많다.

'나를 찾아 떠나는 여행'이라 불리는 '에니어그램(Enneagram)*'에 따르면 사람마다 타고난 성격이 있는데, 크게 나누어보면 그 근본이 어디에 있느냐에 따라 다르다. '머리, 가슴, 장'의 3가지 유형으로 구분한다. 머리 중심인 경우 '생각'이 가장 우선이 되는 이들이고, 가슴 중심은 '감정'이 앞선다. 행동이 먼저 나가는 이들이라면 '장(본능)'을 기준으로 하는 경우가 대부분이다. 간단히 정리해 보면,

머리 생각만 가득하여 머리가 터질 것 같은 경우
 → 나와 상대를 위해 간단하게라도 말이나 행동으로 표현한다.
가슴 가슴속에서 끓어오르는 감정이 넘칠 것 같은 경우
 → 일단은 물러나 생각하면서 잠시 기다린다.
장 말과 행동부터 나가는 경우
 → 일단 멈추고 감정을 충분히 들여다본다.

단순해 보이는 방법이지만 개인의 특성과 적절하게 만날 때 강력한 효과를 발휘한다.

'왜 감정이 나를 힘들게 할까?'

이제 이 질문은 고쳐 써야 한다. 감정은 누구에게나 자연스러운 것이고 그 자체로는 나를 힘들게 하지 않는다. 나를 힘들게 하는 것은 감정에 대해 습관적으로 해오던 나의 반응과 표현이다. 내가 특정한 감정을 받아들일 때 그와 관련된 오래된 반응과 표현이 무의식중에 따라온다. 그러한 반응과 표현이 순식간에 상황을 어지럽힌다. 감정은 무조건 받아들여야 하거나 어쩔 수 없는 것이 아니다. 어떠한 경우라도 내가 원치 않는다면 그저 받아들이지 않으면 된다. 만약 자신도 모르게 후회를 반복하고 있다면 기존의 감정 습관 어딘가에 문제가 있다는 신호이다. 이러한 습관이 불편하고 마음에 들지 않는다면 순환 고리를 끊을 때가 온 것이다.

감정은 얼마든지 조절할 수 있다. 통제 불능의 무법자가 아니다. 그러려면 우선 내 자신을 제대로 아는 것이 중요하다. 내 자신의 모습을 제대로 알고 대할 때 본인의 특성에 맞는 감정 조절이 가능하기 때문이다. 또한 나에게 가장 잘 맞는 방법을 선택해야 부담 없이 자연스럽게 적용할 수 있다. 시작은 자신의 감정을 원하는 대로 조절하겠다는 의지다. 감정은 더 이상 나를 힘들게 하는 대상이 아니다. 나를 알고 깨어 있는 상태로 대한다면 감정은 충분히 다스릴 수 있는 존재다. 자신과 감정에 대한 오래된 오해에서 벗어나 감정을 다스리며 사는 행복을 누려 보자.

에니어그램*
사람들이 느끼고 생각하고 행동하는 유형을 9가지로 분류할 수 있으며, 이 중 하나의 유형을 타고난다고 설명하는 행동과학이다. 기원전 2500년경부터 중동아시아에서 유래한 고대의 지혜로 알려져 있다. 에니어그램의 9가지 유형은 각각 독특한 사고방식, 감정, 행동을 표현하며, 서로 다른 발달행로와 연결된다.

1유형 : 완벽함을 추구하는 개혁전문가
2유형 : 타인에게 도움을 주려는 조력전문가
3유형 : 성공을 중시하는 성취전문가
4유형 : 특별한 존재를 지향하는 창조전문가
5유형 : 지식을 얻어 관찰하는 지식전문가
6유형 : 안전을 추구하고 충실한 질문전문가
7유형 : 즐거움을 추구하고 계획하는 선택전문가
8유형 : 주장이 강한 도전전문가
9유형 : 조화와 평화를 바라는 화합전문가

출처: [네이버 지식백과] 에니어그램(HRD 용어사전, 2010. 9. 6 (주)중앙경제)

06
여전히
마음이
힘든 이유

　나는 동네에서 누구나 알아주는 착한 아이였다. 부모님이나 선생님이 시키는 일은 무엇이든 성실하게 해내는 실망시키지 않는 아이. 그러다 보니 대학 입학 전까지 누구나 겪는다는 사춘기도 없었다. 적어도 남들이 보기에는 무난하고 평탄한 시절이었다. 하지만 내 안에는 아무에게도 말하지 못한 답답함이 있었다. 내가 누구인지, 인생을 살아간다는 것이 무엇인지, 구체적으로 뭘 어떻게 해야 하는지 아무것도 모른 채 시간에 끌려갈 뿐이었다.

　대학에 들어가서도 그저 해야 할 일이 줄어들었을 뿐 딱히 하고 싶은 일은 없었다. 그러다가 우연히 연극의 매력에 빠졌다. 무대에서 나를 마음껏 표현해 보고 싶었다. 실제 공연이 아닌 매일의 연습만으로도 가슴이 터질 것처럼 기뻤다. 매일 저녁 귀가 시간이 늦어지면서 오랜만에 엄마한테 호되게 혼나기도 했다. 반항 아닌 반항을 하게 되면서 새삼스럽게 뒤늦은 사춘기가 온 셈이다.

드디어 마지막 공연, 다 커서 말 안 듣는 딸이 된 나는 내가 그동안 준비한 것이 헛되지 않았음을 증명하고 싶었다. 엄마에게 자신 있게 연기하고 박수 받는 모습을 보여드리고 싶었다. 엄마는 공연이 끝난 한참 뒤에야 도착하셨다. 사정이 있을 테지만 나도 모르게 일찍 좀 오시지 그랬냐고 불쑥 한마디 하고야 말았다. 엄마는 엄마대로 힘들게 온 보람도 없이 허탈해하며 바로 발길을 돌리셨다.

'내가 원한 건 이런 장면이 아니었는데…….'

곳곳에서 축하 인사를 받았지만 아무 말도 귀에 들어오지 않았다. 내 인생 최고의 날 서럽고 초라하기만 했다. 나는 오늘도 엄마에게 인정받지 못했다. 연극도 그날로 그만두고 말았다. 나는 무엇보다 엄마의 인정에 목말라 있었다. 겉으로는 내가 좋아하는 일이라고 했지만 결국은 또 인정받는 게 목표였던 셈이다. 다른 이들의 평가에 기준을 두면 내 자존감은 자취를 감춘다. 기껏 잘해놓고도 외부의 작은 반응에 스스로를 비하하거나 좌절하기 쉽다.

국어국문학과에 들어간 나는 '고등학교 교사가 되라'는 엄마의 뜻에 따라 교육학개론이나 교육심리학 같은 과목도 들었다. 원하던 분야가 아니니 학점 이상의 의미는 없었다. 교직이수도 신청하지 않았다. 다음 해에는 행정고시 책을 사다 준 아빠의 소망에 따라 고시 공부도 해보았다. '학교 고시반에 들어갈까?', '신림동으로 갈까?' 쓸데없는 고민만 하다 또 포기했다. 모든 게 혼란스러웠다. 말 잘듣는 착한 아이는 휴학을 하고 혼자만의 방으로 들어가 숨고 말았다.

　홀로 남은 나는 내 안의 무엇이 이토록 혼란스럽게 하는지 알고 싶었다. 저 밑바닥에 묵직하게 자리 잡은 것은 '인정받고 싶은 마음'이었다. 시키는 대로 살던 삶에서 벗어나려니 '과연 잘될 것인가' 불안했다. 여기에 '내가 뭘 할 수 있을지 모르겠다'는 무력감까지 더해져 '내가 하고 싶은 것을 하면 인정도 못 받고 힘들어질 것 같다'는 두려움에 사로잡혀 있었다. 어릴 때부터 학습된 패턴이 얽히고설킨 부정적인 고리, 즉 감정 습관을 만들어 낸 것이다.

　그런 나의 내면을 들여다보다가 드디어 결심했다. 딱 한 번만이라도 두려움을 마주하고 내 안의 어지러운 것들을 모두 쓸어버리자고. 나를 가둔 감정의 습관에서 벗어나리라 선포했다. 그러자 마음 깊은 곳에서부터 차츰 따뜻한 것이 느껴졌다. 깊은 샘에서 물이

솟듯 새로운 기분이 느껴진 것이다. 시작이 나쁘지 않았다. 새롭게 결심한 내 모습이 꽤 괜찮아 보인다. 주위 사람들의 눈이 아닌 내가 나를 제대로 봐주기 시작하자 스스로를 사랑하는 마음이 생겨난 것이다. 이제부터는 평생 행복할 것만 같았다.

이상한 것은 이러한 행복이 언제까지나 지속되지 않았다는 점이다. 내가 그토록 원했던 '행복'이라는 목표는 한번 달성하면 이후로는 '오래오래 행복하게 살았습니다'가 아니었다. 행복은 잠시 뿐이고, 또다시 제자리로, 일상으로 돌아오기를 반복하고 있었다.

《우리는 개보다 행복할까》에서 매트 와인스타일과 루크 바버는 이렇게 이야기한다.

"개들은 불안한 일을 금방 잊어버리지만, 사람은 행복을 금방 잊어버린다. 그리고 기분을 좋게 해줄 무언가를 강박적으로 찾아 헤맨다."

우리는 하나의 행복을 찾고 나면 금세 잊고 또 다른 행복을 찾아 나선다. 끊임없이 '왜 나는 행복하지 않은가' 자문한다. '이것만 잘되면', '저것만 가지면' 행복할 것이라는 나름의 조건을 계속해서 내건다. 이것도 하고 저것도 가져봐야 여전히 행복은 잠시 뿐이다. 나도 그랬다. 한번 맛본 행복감이 사라지자 노력이 부족한 탓이라 여기고 더 빨리 달려 나갔다. '남보다 먼저 승진하면', '연봉이 더 오르면' 행복할 것이라 믿고 옆도 뒤도 돌아보지 않았다. 하지만 내가 정한 행복의 조건이 이루어져도 마음은 여전히 힘들다.

하버드 대학 심리학과 교수 다니엘 길버트는 'The Surprising Science of Happiness'라는 TED 강연에서 "복권에 당첨되는 행운이나, 선거나 애정, 승진, 입시 등에서 겪는 실패에 대한 괴로움이나 둘 다 사람들이 예상하는 만큼 심하지는 않다"라고 말했다.

당시에는 최고로 기쁘거나 최악으로 느껴지는 일도 얼마의 시간이 흐르면 모두 이전의 상황으로 비슷하게 돌아간다는 것이다. 아무리 행복한 일도 어느덧 희미해져 일상으로 돌아간다. 미치도록 고통스러운 일도 머지않아 지나간다. 행복도 고통도 당시의 상황에 지나치게 몰입하거나 얽매일 필요는 없어 보인다. 약간의 시간만 흐르면 언제 그랬냐는 듯 익숙한 일상으로 돌아갈 테니 말이다. 그만큼 우리가 평생 살아온 일상의 힘은 강력하다.

해답은 언제든 돌아가게 될 일상에 있었다. 아무리 큰 행운과 불행도 넉넉하게 끌어안는 일상이야말로 행복을 찾아 헤맨 우리가 집중 공략해야 할 대상이다. 일상이 주는 가르침은 단순했다. 행복은 애초에 조건이 필요 없다. 매일의 삶에서 원래의 내 모습으로 내가 하고 싶은 일을 하며 살아가면 충분하다. 순간의 기쁨, 소소한 편안함, 하루의 성취감이 바로 행복 그 자체다. 행복의 이면에 무언가 거창한 것이 있으리라는 의심을 버리는 것만으로도 충분히 행복할 수 있었다.

앞만 보고 달리는 이들의 치명적인 실수는 자신에 대한 인정과 만족을 현실 안주라 비하하는 것이다. 그들의 기준은 항상 완벽함이다. 애초에 완벽하지 않은 인간이 완벽을 추구하면 행복도 영원히 풀리지 않는 수수께끼로 남는다. 내면의 감정을 충족시키는 만족감은 현실 안주와 엄연히 다르다. 나에 대한 최소한의 인정과 만족 없이는 자존감의 기반이 되는 일상의 성취감을 얻을 수 없기 때문이다.

최선을 다해 살고 있는데도 여전히 마음이 힘들다면 스스로 정한 행복의 기준을 돌아볼 때이다. 자신의 참 모습과 목소리를 외면한 채 남들이 보기에 그럴싸한 행복의 조건을 걸며 자신을 다그치고 있지는 않은가. 눈에 보이는 것만을 목표로 하여 그것을 가지고 이루면 행복할 것이라 스스로를 억지로 끌고 가는 건 아닌지 말이다. 행복은 더 이상 남들이 제시하는 조건이나 끝없는 자기계발로 얻어내는 보상이 아니다. 일상에서 무엇이든 진짜 내가 원하는 것으로 채울 수 있어야 진정한 만족이고 행복이다. 남들이 부러워하는 일확천금이나 세상을 얻을 만한 권력도 제대로 누릴 일상의 삶이 없다면 한낱 사건에 지나지 않는다. 일상 속에서 매 순간 내가 스스로 찾아 느끼는 것들이야말로 평생 가는 재산이다. 진짜 내 모습으로 매일의 삶에 감사할 수 있을 때 날마다 새롭게 차오르는 진정한 행복으로 충만해진다.

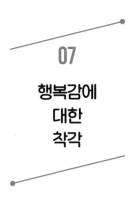

07
행복감에
대한
착각

예전 직장에서의 일이다. 옆 팀의 여자 신입사원 K는 항상 조용하고 말이 없었다. 하는 일도 주로 혼자 하는 웹디자인이다 보니 다들 그러려니 했다. 나는 그런가보다 하면서도 항상 어두운 그녀의 인상에 조금 마음이 쓰였다.

'건강이 좋지 않은가? 집안에 걱정거리라도 있나?'

들리는 이야기로는 점심도 혼자 도시락을 먹고 회식도 거의 참석하지 않는다고 했다.

어느 날 밤 SNS 친구들의 계정을 타고 이리저리 구경을 다니다가 많이 보던 얼굴과 이름을 발견했다. 바로 K였다. 나에게 익숙한 어두운 인상과 달리 SNS상에서 K는 여신이라 불리고 있었다. 이름과 얼굴을 몇 번이고 확인했지만 그녀가 맞다. 회사에서와는 전혀 다른 메이크업, 옷차림, 과감한 포즈까지. 사진마다 '예쁘다'는 댓글로 도배가 되어 있었다. K 또한 모든 댓글에 성실하고 애교 있게 대답해 주는 모습에 나는 한 번 더 놀랐다.

다음 날, 복도에서 마주친 K는 여전히 어둡고 아파 보인다. 어제 화면에서 본 사람이 맞긴 한데 이건 아니다 싶다. 나 말고 더 아는 이는 없는지, 다들 알고도 가만히 있는 건지 나 혼자 혼란스러웠다. 보지 말아야 할 것을 엿본 것처럼 괜히 찔리고 기분이 묘했다.

사람은 누구나 행복하기 원한다. 알게 모르게 자기 나름의 기준을 정하고 '이 정도면 행복하겠다'는 그림을 그려본다. 문제는 '이 정도'에 있다. 사람마다 그 기준도 다를 뿐더러 한 번 맛보고 나면 더 강한 것을 추구하기 마련이다. 자꾸만 수위가 높아지는 것이다.

자신의 기준과 현실 상황이 잘 맞아떨어진다면 별다른 말이 필요 없다. 예상대로 불만 없이 살고 있는 셈이다. 문제는 둘 간의 간극이 큰 경우다. K도 어떤 방식으로든 행복하고자 했을 것이다. SNS상에서나마 수많은 이들의 찬사를 받으면 행복하리라 믿었는지도 모른다. 그럼에도 변하지 않는 현실에 어두운 얼굴을 하고 다니게 된 것은 아닐까. 무엇보다 염려스러운 점은 어두워진 얼굴만큼 일상 속 행복은 더 멀어지고 있다는 사실이다.

L씨는 한동안 나의 취미였던 '살림 비우기'를 위해 가입한 인터넷 카페에서 알게 되었다. 그녀의 살림 비우기는 이름하여 '쇼핑 중독 벗어나기'였다. 그간의 이야기들을 보니 L씨는 출산 후 육아 용품을 시작으로 점차 쇼핑 자체에 빠져들었다.

출산 후 예전 같지 않은 몸에 상실감을 느낀 그녀의 선택은 값비싼 명품 가방과 신발이다. 적어도 이런 것들을 들고 신으면 몸매나 얼굴도 커버될 것이었다. 예전부터 갖고는 싶었지만 그동안 아끼고 저축하느라 얼마나 참아왔던 것들인가. 주위에서 짠순이라며 비아냥거려도 견뎌온 시간이었다.

몇 달이 지나면서 L씨에겐 한 가지 의문이 생겼다.

'결혼 전 짠순이라 놀림 받던 내가 이렇게 예쁘고 비싼 물건을 갖게 되었는데 왜 하나도 기쁘지가 않지?'

그녀는 결제할 때까지는 설레기도 하고 저것만 갖고 나면 기분이 확 살아날 것만 같았는데 막상 집에 배달된 것을 풀고 나면 그때뿐이라고 했다. 어딘가 처박아 두고는 다시 열어보지도 않았다.

L씨는 예전부터 참아 왔던 것들을 마음껏 갖고 나면 행복할 것이라 믿었다. 짠순이로 참고 견뎌온 자신에 대한 보상으로 합리화하려 했지만 착각이었다. 자신에 대한 근본적인 불만이 해소되지 않은 상황에서 어떠한 물건도 자존감의 문제를 해결해 주지 못했다.

처박아 둔 물건들을 하나둘 처분하면서 살림 비우기 100일차를 기록한 L은 드디어 '이만하면 됐다'는 생각이 든다고 했다. 풀지도 않은 박스가 쌓여있던 방에는 이제 자기만의 시간을 위한 책상과 새벽명상을 위한 요가매트 하나만 깔려 있었다.

최근 뉴스에서 '감정소비'라는 말이 종종 들려온다. 감정소비란 '스트레스 때문에 나도 모르게 불필요한 것을 구입하는 행위'를 의미한다. 스트레스, 우울감을 '홧김에' 소비로 풀어보려는 것이다. 순간의 기분 전환을 위해 쓸데없는 것을 사들이고 후회하기를 반복한다. 당시에는 '내가 회사에서 그렇게 참고 고생했는데 이거 하나 못 사?'라며 의기양양했는데, 막상 집에 가서 보면 자질구레한 싸구려들이 대부분이다. 그걸 보면 또 고작 이런 걸로 기분을 풀려 한 자신이 비참하게 느껴진다.

내가 원하는 것은 따로 있는데 엉뚱한 데서 변죽만 울린다. 좋아하는 일을 찾아 누구의 눈치도 보지 않고 해보겠노라 생각은 하지만 막상 도전하기는 두렵다. 내가 견디는 수고에 비하면 월급도 시간도 항상 불만족스럽다. 그러니 감정소비라도 해야 일시적인 위안이 되지 않겠는가.

똑같은 액수의 돈을 번다고 해도 내가 오랫동안 꿈꾸며 준비하던 일이라면 어땠을까. 감정소비는커녕 생존을 위한 최소한의 소비를 하면서도 두 눈이 희망으로 반짝이지 않을까. 실제로 내 주변에는 자신이 원하는 일을 하는 1인 기업가들이 많다. 지금은 크게 성공한 이들이지만 처음부터 그랬던 것은 아니다. 자신이 진정으로 원하는 일이었기에, 큰 수입이 없던 초기에도 날마다 감사하며 행복해하던 모습을 분명하게 기억하고 있다.

무엇이 이런 차이를 만들었을까. 자신이 원하는 모습과 실제의 모습이 완전히 일치했기 때문이다. 현실의 모습을 부정하고 환상을 쫓아 도망가는 대신, 자신이 원하는 모습을 현실로 가져와 빈틈없이 일치시켜 살아냈기 때문이다. 진짜 나의 모습이 어디로 향하는가에 따라 완전히 다른 결과를 낳게 된 셈이다.

우리는 행복에 대한 자신만의 기준을 세우곤 한다. 그 기준이 내가 아닌 외부에 있을 때는 아무리 채워도 도달하지 못해 허망해지기 쉽다. 진짜 나는 버려둔 채 만들어진 환상 속에서 아무리 발버둥쳐도 달라지지 않는다. 필요한 모든 것은 내 안에 있었음에도 가치를 알지 못하니 별것 아닌 것으로 치부하며 들여다보려 하지 않는다. 그리고는 밖에서 나와 상관없는 불필요한 것들을 쓸어 담으려 한 것이다. 애초에 인과관계가 없는 일을 하면서 행복을 좇는다 말만 한다.

　진짜 행복은 착각을 벗어나는 것에서 시작된다. 행복에 대한 착각에서 벗어나야 비로소 자신의 내면을 들여다볼 수 있다. 남들에게 보이는 조건이 아닌 진정한 나의 모습이 행복의 본바탕이다. 애써 꾸미지 않아도 되는 본연의 모습으로 천천히 내 안을 들여다보자. 내 것이 아닌 것은 이제 그만 내다 버리자. 충분히 비웠다면 나만의 것으로 다시 채울 준비가 되었다. 드디어 진짜 행복을 만날 때가 온 것이다.

08
나답게
살아야
행복하다

"당신답지 않게 왜 이래?"

"나다운 게 뭔데? 도대체 나다운 게 뭐냐고!"

어디서 많이 들어본 대화 아닌가? 한동안 인터넷에 떠돌던 '드라
마 속 뻔한 대사' 중 일부이다. 대수롭지 않게 지나쳤던 대목이지만
인간과 감정에 대해 공부하면서 보니 여기엔 우리가 살아가는데
매우 중요한 메시지를 담고 있었다.

'나다운 것은 무엇일까? 나답게 산다는 건 어떻게 사는 것일까?
이제까지 나답다고 느낀 순간은 언제였을까?'

대학교 때의 일이다. 국문학도라고 하지만 수업 시간에 쓴 시 몇
편을 제외하면 글쓰기를 배운 적은 없다. 날것의 신선함이 받아들

여겼는지 졸업을 1년 앞두고 웹진, 잡지, 인터넷 방송국에서 취재하고 글을 쓸 기회들이 계속 생겼다. 주 3일 정도만 일해도 당시 대기업 사원에 준하는 돈을 벌 수 있었다. 새로운 기회를 잡기 시작하면서 두 번째 휴학을 했다. 첫 휴학이 방황하며 멋모르고 했던 것이라면 두 번째는 내가 하고 싶은 일들을 스스로 결정하고 실행하면서 삶을 배우기 위한 시간이었다.

모든 것이 술술 풀린 것은 아니었지만 더 이상 사람이나 상황에 핑계 댈 필요가 없었다. 하나하나 나의 선택이었고 온전히 내 몫이었다. 나다운 것은 내가 원하는 것을 아는 것에서 출발한다. 원하는 것을 선택할 수 있을 때 첫 번째 성취감을 맛보게 된다. 이러한 선택과 성취가 쌓여갈수록 보다 확실한 나의 기반, 성장을 위한 디딤돌이 된다.

내가 원하는 것과 상관없이 당장의 편한 선택을 할 수도 있다. 문제는 어떤 선택이든 이내 자신이 속한 환경이 된다는 점이다. 사람은 환경의 영향을 받는다. 원치 않게 시작한 일이라도 익숙해지면 자신도 모르게 더 넓은 세상에 대한 가능성을 닫고 그 자리에 머무르는 게 편하다. 세월이 흘러 간신히 그 문을 열고 나와 보아도 처음부터 다시 시작할 엄두가 나지 않는다. 현재의 모습이 나답지 않다는 건 알지만 더 이상 벗어날 방법이 없어 보인다.

다시 뻔한 드라마 속으로 들어가 보자.

"나다운 게 뭔데? 도대체 나다운 게 뭐냐고!"
"너 변했어. 이건 진짜 네 모습이 아니야."
"진짜 내 모습이 아니라고? 난 원래 그랬어. 그냥 내버려둬!"

드라마 속 주인공은 자신이 '나 답지 못하다'는 것을 알면서도 익숙해진 현재의 모습을 원래 자신이라 우긴다. 일종의 본능적 방어 작용이다. 마음 깊은 곳에서는 이미 알고 있다. 이것이 진짜 나의 모습이 아니고 내가 원하는 건강한 나의 모습은 따로 있다는 것을. 당장 현실에서 보여줄 수 없으니 부정하고 싶다. 주변 사람들도 처음에는 안타까운 마음으로 원래의 모습을 찾으라고 권유하지만 반복되면 점차 포기하고 멀어지는 편을 택한다. 자신의 모습을 잃어버리는 것은 본인에게도 힘든 일이지만, 관계를 파괴하는 부작용도 함께 낳는다.

스스로 해결하지 못한 내 모습을 끌어안고 살면 진정한 자신을 제대로 마주할 용기나 기회를 찾지 못한다. 현실과 타협하고 포기를 반복하면서 나에게 기회를 주는 일도 줄어든다. 본인이 선택하지 못한 생활은 불만족으로 이어지고 또다시 실망하며 자책하거나 현실을 회피하는 일이 반복된다. 부정적인 순환의 고리가 생기는 것이다.

　평범하지만 평균에서는 조금씩 벗어나며 살아온 나는 착한 청소년기를 보낸 결과 20대가 되어서야 진정한 사춘기를 맞이했다. 뒤늦게 원하는 전공을 찾아 서른 살에 대학원에 들어갔고, 원하는 직장도 대학원 졸업 후에 처음으로 찾았다. 그만큼 결혼도 늦어졌다. '네가 원하는 때에 꼭 하고 싶으면 해라. 안 해도 괜찮다'는 부모님과 달리, 가깝지 않은 사람들일수록 내 결혼을 화제로 삼기 좋아했다.

　'그만 골라라. 서른다섯 넘으면 힘들다. 남자는 거기서 거기다. 나이 때문에 아기 낳기 힘들다' 등등 참으로 다양한 이야기를 들었다. 나는 준비가 되었을 때 결혼하고 싶었다. 내가 혼자서도 충분히 살 수 있는 능력이 있는 때, 가정을 이루겠다는 마음의 확신이 들 때이다. 준비된 두 사람이 결혼해야 행복할 것이라는 나만의 원칙이었다. 평균에서 조금 벗어난 서른여덟이 바로 그때였다.

　나보다 다섯 살 많은 남편은 언젠가 '우리가 10년만 일찍 만났으면 더 좋았을 것'이라고 했다. 하지만 스물여덟의 나였다면 아마도 소위 말하는 나쁜 남자를 만나 고생깨나 했을지도 모를 일이다. 이후 10년간 고생만 하다 지금쯤 이혼하고 각자의 길로 떠났을 수도 있다. 실제로 내 주변에 그렇게 별 고민 없이 결혼하고 후회하는 경우도 적지 않다. 다른 이들의 눈에 10년 전의 내가 더 젊고 예쁘고 좋아 보였다 하더라도, 내가 원하는 것을 나만의 때에 하지 못하면 그토록 원하던 것도 지긋지긋한 구속이 되는 것은 순식간이다.

나답다는 것은 '나만의 속도'를 포함한다. 언제든 나다운 선택에는 정해진 때가 없다. 내가 원하는 것을 할 수 있다면 그때가 바로 나다운 때이다. 누군가 20대라서 이르고 40대라서 늦고 하는 식으로 이야기한다면 그건 어디까지나 그의 생각일 뿐이다. 그의 생각에 휩쓸리는 순간 나다움도 함께 흔들린다. 내가 원하는 것을 하는데 정해진 기준은 어디에도 없다.

자신의 참다운 모습, 건강한 자아가 원하는 것을 선택하는 것이 나다운 삶의 시작이다. 다른 이들의 기준이나 의견에 흔들림 없이 자기만의 속도로 나가는 것이다. 주위의 시선이나 판단에 흔들리지 않고 즐겁게 내가 원하는 지점에 다다르면 된다.

모든 것의 기초는 진짜 내 모습을 찾는 일이다. 진짜 내 모습을 알지 못하면 원하는 것을 선택할 수가 없다. 다른 이들에 선택을 맡기면 그때부터는 내 것이 아니다. 누군가 나답게 살아가는 길을 비웃거나 무시한다고 해도 전혀 신경 쓸 필요 없다. 스스로 만족스러운 삶을 사는 이들은 다른 이의 삶에 불필요한 관심을 두지 않기 때문이다. 이런 이들이 많을수록 내가 특별히 더 나답게 살고 있다는 것으로 받아들이면 그만이다.

"나다운 게 뭔데?"라고 물으면 자신 있게 대답해 주자.

"내가 가고 싶은 곳까지 나만의 속도로 당당하게 가는 것."

그 모든 과정이 바로 '나다움'이고 그 모든 시간이 '나다운 때'이다. 내가 나답게 나만의 속도로 살아갈 때 하루하루의 성취감과 행복도 온전히 내 것이 된다.

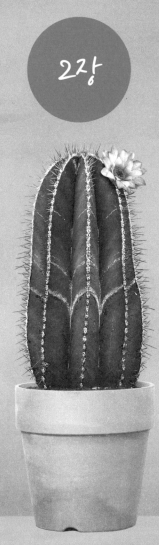

2장

나도 몰랐던 진짜 나와 마주하라

01
자존감은
마음의
구급약이다

어린 시절 몸치에 가까운 나에게 체육 시간은 항상 피하고 싶은 시간이었다. 내 몸으로 무언가를 하고 남들에게 보인다는 것이 부담스럽고 부끄러웠다. 뭔가를 할 때마다 '우스꽝스럽게 넘어지면 어쩌나' 하는 생각을 떨쳐버리지 못했다. 그러다 보니 몸놀림이 더 어색해졌고 넘어지는 일도 다반사였다. 상처가 난 즉시 치료를 받았으면 좋았을 텐데 당장의 넘어진 것이 부끄러워 괜찮은 척하기 일쑤였다. 하루를 다 보내고 집에 돌아오면 상처 난 부위가 벌겋게 부어있었다. 바로 소독하고 구급약을 발랐으면 될 것을 내버려 둬서 더 키운 것이다.

마음에 상처가 났을 때도 이러한 구급약이 있을까? 있다. 바로 '자존감'이라는 약이다. 마음에 상처가 생겼을 때 즉시 투여하여 빠른 회복을 돕는다. 요즘엔 자존감이면 모든 게 해결되는 것처럼 이야기하기도 하지만 어디에나 통하는 만병통치약은 아니다. 갑작스러운 대형 사고는 응급실로 직행해야 한다. 누가 봐도 증세가 심각하면 전문의와 기관의 도움으로 지속적인 치료를 받아야 한다. 자존감을 만병통치약이 아닌 구급약이라 하는 것도 이 때문이다. 높은 자존감이 있어도 수시로 상처 받을 수 있고 불안할 수 있고 스트레스로 흔들릴 수도 있다. 다만, 부정적인 상황이나 해석을 만날 때 본연의 균형을 바로바로 찾기 위해 자존감은 확실한 구급약이 된다.

많은 심리학자들은 말한다.

"단 한 사람이라도 나를 있는 그대로 온전히 용납해 주는 이가 있다면 어떤 어려움이나 환경적 제약에도 반드시 제대로 성장할 수 있다."

있는 그대로의 내가 판단 없이 사랑으로 받아들여질 때 든든한 자존감의 뿌리가 내린다. 스스로 느끼는 날마다 소소한 성취의 기억들이 자존감을 성장시킨다. 든든한 내면의 뿌리를 두고 성장하는 사람은 외부의 비바람에도 언제든 다시 일어설 수 있다.

자존감이 높다는 것을 자존심이 강한 것으로 오해하는 경우가 있다. 언뜻 보아 자존감과 자존심은 비슷해 보여도 그 뿌리 내린 방향이 완전히 다르다. 자존심은 그 뿌리를 내가 아닌 외부에 둔다. 다른 이들의 인정, 내 이름 앞에 붙어 있는 지위가 자존심을 '세워준다'고 여긴다. 스스로 높아지는 자존감과는 다르다. 내가 아닌 다른 사람, 나를 둘러싼 환경의 영향을 크게 받을수록 자신을 방어하기 위한 자존심은 더욱 강해진다. 외부 조건의 상승과 하락에 으스대거나 상처 입는 부작용을 낳기가 더 쉽다. 내가 조절할 수 있는 한계를 넘어서 버리는 것이다.

별명이 '잠수함'인 친구 C는 대학 때부터 알고 지낸 사이다. 한번 기분이 가라앉으면 며칠씩 잠수 탄다고 하여 붙여진 별명이다. 대학은 수업이 없는 날도 있고, 학점을 신경 쓰지 않는다면 자체 휴강을 한다고 큰일이 나는 것도 아니다. 다들 C가 그냥 기분 탓에 그러려니 했다. 며칠 만에 만나면 농담 삼아 '이번엔 또 얼마나 잠수 탔어?' 묻는 것이 고작이었다.

동창들에게 전해 들은 이야기에 따르면 C는 학교를 졸업하고 회사에 입사한 뒤로도 종종 잠수를 타고 사라졌다고 한다. 그 이유도 참으로 다양해서, 회사 일이 몰려 야근이 갑자기 늘었다거나 남자친구와 헤어지고 나면 여지없이 잠수행이었다. 개인적으로 준비하던 자격증 시험을 보기도 전에 본인이 포기했다는 이유로, 심지어 사회적인 분위기가 우울하다는 이유로도 잠수를 탔다. 처음엔 젊은 사람이 순간적으로 그럴 수 있겠거니 하던 이들도 점차 의아한 눈빛을 보내기 시작했다.

얼마 후 돌아온 C에게 자초지종을 묻자 대답은 가관이었다고 한다. 자신이 뭔가를 하려고 할 때마다 꼭 주변에 방해하는 세력이 있어 일이 틀어져 버린다고. 희망 없는 사회에서 자신이 아무리 열심히 산다고 무엇이 달라지겠냐며 차라리 아무것도 하지 않는 것이 낫겠다고 말이다. 출근하다가도 이런 생각이 들기 시작하면 자신도 모르게 반대 방향으로 발길을 돌리고 있다는 것이다.

C는 자신이 맡은 일에 대한 책임이나 난처해질 다른 이들의 상황은 실감하지 못하는 것 같았다. 이런 일이 반복되면서 퇴사를 하게 되고 그때마다 C는 회사와 자신에게 엄청난 저주를 퍼붓고 비관하며 집안에 틀어박히는 시간이 늘어났다. 가족들의 도움으로 나와 간신히 다른 일자리를 찾아도 얼마 지나지 않아 비슷한 상황이 반복됐다.

C는 도대체 왜 그럴까? 무엇보다 스스로에 대한 믿음이 전혀 없기 때문이다. 내가 나를 믿는다는 것은 맡은 바를 충분히 해낼 수 있으며, 내가 하는 일이 분명 가치 있는 일임을 아는 것이다. 이러한 믿음이 없으니 내가 무엇을 해낸다는 인식이 없고 한다고 해도

그 결과가 막연할 뿐이다.

자신이 원하는 바도 불분명하다. 내가 원하는 것이 있다면 당연히 그것을 이루기 위한 방법을 고민하게 될 것이다. 자신의 상황과 지향점을 명확히 알고 원하는 것에 초점을 맞출 수가 있다. 초점을 맞춘 일에 열정도 피어오른다. 원하는 것 자체를 알지 못하니 방향은커녕 주변이 온통 안 되는 조건들로 가득하다는 사실만 깨달을 뿐이다. 자신이 아닌 환경을 바라보면 내가 하는 일들이 아무런 의미가 없다는 허무감에 빠진다. 갈수록 남 탓, 환경 탓만 하게 되고 그럴수록 상황이 조금만 나빠져도 남들보다 훨씬 큰 영향을 받는 것이다. '역시 내가 안 되는 건 다 환경 탓'이라고만 한다.

평소에 잘 키워둔 자존감이 있다면 내가 자기비하와 비관이라는 늪에 가라앉으려 할 때 즉시 나를 수면 위로 올려 준다. 자존감이 구급약의 역할을 확실하게 해내는 순간이다. 하지만 아무리 효과 빠른 구급약이라 해도 급할 때 바로 사용할 수 있도록 준비되어 있지 않으면 소용이 없다. 한밤중에 문 닫은 약국 안에 있는 약은 구급약이 아니다. 내 눈에 띄는 곳에 상비되어 언제든 쓸 수 있어야 한다. 자존감도 평소 내 안에 준비되지 않으면 급할 때 갑자기 만들어 낼 수는 없다. 자존감이 구급약인 것에는 평소에 준비해 두어야 한다는 의미 또한 포함하고 있다.

세월이 흘러 C와 SNS를 통해 다시 안부를 주고받게 되었다. '잠수 습관'은 여전한 듯했다. 그녀의 SNS에는 평소 간간히 방문한 맛집의 음식 사진들만 올라와 있었다. 그러다가 어느 순간 뜬금없는 사진 한 장, 이를 테면 아무것도 없는 검정색 배경의 사진, 캄캄한 터널 같은 이미지가 아무런 멘트도 없이 등장한다. 며칠 후 계정은 비공개가 된다. 그때부터는 어떠한 연락도 받지 않는다.

안타까운 것은 잠수가 갈수록 빈번하고 길어진다는 점이었다. 잠수가 길어질수록 일상으로의 복귀는 점점 더 힘들고 오래 걸릴 것이다. 처음 한두 번은 가족들의 적극적인 구제가 있겠지만, 다 큰 어른을 매번 아기처럼 어르고 달래서 일으켜 세우기는 어렵지 않겠는가.

마지막 소식은 곧 결혼을 한다는 것이었다. 그러나 얼마 지나지 않아 계정은 다시 비공개가 되어 있었다. 지금까지도 안타까움이 남는다.

내 안에 든든한 자존감이 뿌리 내리고 있으면 외부 환경이나 시련에도 다시 일어설 힘이 생긴다. 자존감이 뿌리를 내리기까지 얼마간의 시간은 필요하다. 나 자신에 대한 믿음으로 내가 원하는 것을 알고 현재의 상황에서 할 수 있는 방법을 찾아 행동하는 시간이다. 일련의 과정을 통해 수시로 성취감이 쌓이고 그 성취감이 자존감의 밑바탕이 되는 셈이다. 집 안에 구급약을 상비하듯 내 마음에도 자존감이라는 구급약을 마련해 두자. 든든하게 준비된 마음은 작은 상처를 두려워하거나 억지로 참지 않는다. 언제든 빠르게 처치하여 덧나지 않고 새살이 올라오도록 도와줄 것이기 때문이다. 마음의 상처가 자꾸만 덧나고 오래 간다면 이제 내 안에 자존감이라는 구급약을 준비하라는 신호다.

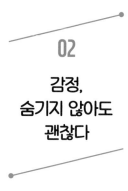

02
감정,
숨기지 않아도
괜찮다

"외로워도 슬퍼도 나는 안 울어."

익숙한 가사의 '들장미 소녀 캔디' 주제곡이다. 사람들은 흔히 감
정을 들키면 지는 거라고 한다. 이기고 싶다면 내가 더 많이 좋아해
서도 아쉬운 듯 보여서도 안 된다. 어떤 경우에도 아무렇지 않은 척
해야 이길 수 있다. 남녀가 연애를 할 때도 누가 먼저 좋아했느냐,
누가 더 많이 좋아하느냐가 주도권 쟁취의 핵심 사안이 된다. 비단
연애뿐만 아니다. 누구든 처음 만나게 될 때 상대가 나를 만만히 여
기지는 않을까 일단은 무게부터 잡고 보는 경우도 많다. 괜히 얕보
일까봐 미리 방어하는 것이다.

사실 감정이 건강한 사람은 이런 것들로 그다지 고민하지 않는

다. 자신이 이끌리는 대로 표현해도 자연스럽게 관계가 안정되고 균형을 이루기 때문이다. 어디까지나 과거의 나를 포함하여 자신의 감정을 컨트롤하기 어렵다고 느끼는 사람들 얘기다.

심리학 강의를 듣다가 과제를 위해 심리 상담을 받은 적이 있다. 특정 문제를 가지고 간 것은 아니었지만 상담사와 이런저런 이야기를 하면서 현재 나의 심리 상태를 점검해 볼 기회였다. 오래전 일이라 대부분은 잊었지만 한 가지는 아직도 또렷하게 남아있다. 한참 동안 내 이야기를 듣던 상담사가 물었다.

"방금 말씀하신 것은 슬픈 일이 아닌가요?"
"예, 맞아요. 진짜 슬펐어요."
"그런데 왜 다 하나같이 웃으면서 이야기하시나요?"

순간 어안이 벙벙했다. 분명 최근에 있었던 슬픈 일을 남 이야기하듯 웃으며 했다는 것이다. 생각해 보니 정말 그랬다. 그때까지 나는 무슨 일이든 아무렇지 않은 듯 표현하려 했다. 내 감정을 있는 그대로 드러내 보이는 대신 남 이야기하듯 하거나 희화화하면 쿨한 어른 같아 보일 줄 알았다. 당시 상담사의 조언은 '슬픈 일은 충분히 슬퍼하리'는 것이었다. 슬픈데 웃으며 이야기하는 섯은 뒤틀린 감정 표현이다. 기쁨은 기쁨으로 슬픔은 슬픔으로 제대로 표현해야 풀린다.

오래된 내 감정 습관이었다. 어린 시절의 나는 마음 놓고 울어본 기억이 없다. 울기 시작하면 언제나 '뭘 잘했다고 우냐'는 얘기를 듣고 무안해졌다. 다음부터는 나도 모르게 눈물을 참게 되었고 나중엔 '혼나도 울지 않는 독한 것'이 되었다.

어느 봄날, 혼자 집에 있던 나는 갑자기 주체할 수 없이 화가 치밀어 올라 이불장 안에서 입을 틀어막고 소리를 질렀다. 분이 풀리지 않아 내 팔목 안쪽을 깨물었다. 온몸이 부들부들 떨릴 때까지 깨물고 나서야 비로소 아픔이 느껴질 정도였다. 특별한 사건이 있던 것도 아니었다. 오히려 평화로운 한때에 가까웠다. 단 한 번, 짧은 순간이었지만 아직까지도 잊을 수 없는 일로 생생하게 남아 있다.

감정을 숨기기만 하면 예기치 않은 순간, 의도치 않은 대상에게 폭발해 버린다. 숨겨둔 감정은 그대로 사라지는 법이 없다. 감정은 부풀어 오르는 풍선과도 같다. 얼마나 커지느냐는 개인과 감정의 강도나 빈도에 따라 다르다. 각각의 한계는 달라도 어쨌거나 풍선을 터뜨리고 싶지 않다면 중간중간 살살 바람을 빼 주어야 한다. 이처럼 감정의 풍선은 제대로 표현하고 풀어내면 휘파람 소리를 내며 조용히 제자리로 돌아간다. 실수로 급하게 바람을 빼려고 한다면 '휙' 소리를 내며 잠시 휘청할 지도 모른다.

문제는 풍선이 끝없이 부풀기만 할 때다. 바람을 빼주기는 커녕 오히려 입구를 묶어 막아버린다. 해결되지 않은 스트레스가 불어 날 대로 불어난 풍선을 이리저리 눌러댄다. 견디다 못한 감정의 풍선이 순식간에 터져버리고 만다. 크던 작던 어딘가에 늘 있어야 할 풍선이 사라지는 것이다. 감정의 풍선 자체가 사라져 버렸으니 어떠한 감정도 제자리를 찾지 못해 방황한다. 슬퍼도 슬픈 줄, 기뻐도 기쁜 줄 모르는 감정 불능의 상태가 되어 버린다. 무감각, 무표정, 무감동의 껍데기만 남긴 채.

애니메이션 영화 '인사이드 아웃'을 본 적 있는가? 인간의 감정을 각각의 캐릭터로 표현한 이 영화는 어른들을 위한 친절한 감정 해설서 같다. 쉽게 생각하듯 '기쁨'만 있으면 마냥 행복할 것 같았는데 모든 것을 제자리로 돌려놓은 것은 '슬픔'이었다. 제대로 슬퍼하지 못한 감정은 언제든 힘없이 무너져 내리는 모래성과 같았다.

영화 속 기쁨이는 예전의 나와 꼭 닮았다. 슬픔이가 등장하는 것을 불편하게 여기고 가능하면 꼭꼭 숨겨 움직이지 못하게 한다. 나를 방해하는 존재로만 취급하는 것이다. 언제나 기쁨을 기준으로

한 각본대로 진행되어야 하고, 조금이라도 분위기가 처진다 싶으면 무조건 더 큰 기쁨을 던져주어 해결하려 한다.

현실의 나는 뜻대로 되지 않자 엉뚱한 곳에 분노를 터뜨리고 말 았다. 다른 이들, 주변의 물건, 나 자신이 될 수도 있다. 다른 이가 되면 나와 상대방 모두 상처를 입고 또 다른 분노가 쌓인다. 물건이 되면 주체할 수 없는 파괴력이 걷잡을 수 없는 상황을 만들기도 한 다. 나 자신이 되면 아무도 알지 못하는 곳에서 스스로 깨물어 상처 를 내면서도 아픈 줄 모르고 삶의 의지를 조금씩 갉아먹어 간다.

인생의 참맛은 '희노애락'이 공존하며 적절한 비율로 어우러지 는 데 있다. 당장 먹기에 달다고 설탕만 넣거나 화끈한 맛이 좋다고 고춧가루만 넣으면 제대로 된 맛이 나지 않는다. 한 사람의 진정한 성장도 이러한 감정의 풍부한 맛 경험에 있다. 슬픔이 있어야 기쁨 도 느껴지고 외로움이 있어야 사랑도 느낀다.

아무런 맛도 느낄 수 없는 '미맹'의 상태는 또 어떤가. 며칠 감기 만 걸려도 입맛을 잃고 아무것도 느껴지지 않던 경험이 있을 것이 다. 즐거운 식사 시간도 약을 먹기 위해 씹고 삼키는 단조로운 노동 이 될 뿐이다.

모든 감정을 주의 깊이 살펴야 하지만 아무 감정이 느껴지지 않는 것이야말로 큰일이다. 차라리 화를 내거나 운다면 바로 알아차리겠는데, 자신이 할 일은 그럭저럭 해내고 다른 이들과 별다른 문제를 일으키지 않으니 아무도 모르는 사이에 상태가 점점 악화된다.

더 이상 자신의 감정을 숨기지 말자. 감정은 숨긴다고 숨겨지는 것이 아니다. 쿨한 척 아닌 척해도 소용없다. 제대로 표현하고 풀어내지 못한 감정이 지금도 내 안에 풍선처럼 조마조마하게 부풀고 있을지 모른다. 이러한 감정의 풍선이 흔적도 없이 사라지기 전에 휘파람을 불 듯 억눌렸던 감정을 풀어 주자. 미숙한 감정 반응으로 자신과 남에게 상처를 주고 좌절했다면 이제 감정을 제대로 표현하고 해소할 때다. 감정은 죄가 없다. 숨길 필요도 없다. 중요한 것은 제대로 된 감정 표현이다. 날마다 조금씩 훈련된 성숙한 감정 표현으로 회복과 균형을 찾아야 한다.

인생의 진정한 맛을 느끼고 싶다면 희노애락의 황금비율을 찾아보자. 남들이 말하는 그럴싸한 레시피가 아닌 나만의 손맛으로 건강한 감정을 맛보는 것이다. 감정이 건강한 사람은 모든 관계에서 표현이 자유롭다. 상대방의 눈치를 보거나 매번 감정을 저울로 달아보지 않아도 된다. 이제 정직하고 균형 잡힌 감정으로 당당히 표현하고 드러내보면 어떨까.

03

있는 그대로의
감정을
받아들여라

    진짜 나를 만나기 전까지 내 인생의 목표는 '행복'이었다. 일단 목표를 이루고 나면 즉, 행복해지고 나면 그 행복감은 언제까지나 계속될 것이라 믿었다. 예를 들어 '1억 모으기'의 목표를 달성하면 1억을 가지고 있을 것 아닌가. 행복도 차곡차곡 모으다보면 어느 순간 '가득 참' 표시가 나타나고 이후로는 그대로 쌓아둘 수 있을 줄 알았다. 그래야 행복을 목표로 한 보람이 있다고 말이다.

    실상은 한순간 행복감을 느끼고 나면 그 다음엔 여지없이 힘이 빠지는 일이 따라오곤 했다. 조용한 카페에 앉아 마음에 드는 글 한 편을 써 놓고 행복해 하는 순간 '내일은 대출금 상환일'이라는 친절한 문자를 받는다든지 하는 식이다. 당시의 나는 잠깐의 행복이 있기나 했느냐는 듯, 기분을 망쳤다며 한숨을 쉬었다. 사실 얼마든지 있을 수 있는 일들이고 따지고 보면 별것도 아니다. 내가 행복한 것에 대한 벌로 전화가 오는 것도 아니고, 내가 행복할까봐 누군가 기다렸다 문자를 보내는 것도 아니다. 거기에 의미를 부여하고 인과관계를 만들어 행복감을 밀어낸 건 내 자신이다.

우리는 하루에도 몇 번씩 다양한 감정을 느끼며 살아간다. 어찌 보면 감정은 수시로 나타나는 신체적인 증상 중 하나에 불과할지도 모른다. 커피를 마시면 카페인 때문에 심장이 두근거리는 것처럼 때에 따라 특정 호르몬의 수치가 오르내리고 약간의 체온 변화나 심장 박동이 조금 불규칙해지는 것뿐 아닌가.

누군가는 커피 한 모금에도 잠이 안 온다고 하는가 하면, 어떤 이들은 하루 세네 잔을 마셔도 배만 부르다고 한다. 감정 반응도 딱이와 같다. 만약 타고 간 택시에 지갑을 두고 내렸다고 가정해 보자. 같은 상황이지만 모두가 똑같이 반응하지는 않는다. 누군가는 '허허' 웃어넘길 수도 있고, 다른 이는 두고두고 자신을 원망하는 일일 지도 모른다. 두 사람의 신체적 반응 또한 결코 같지 않을 것이다. 똑같은 일에 대한 '해석'이 다르기 때문이다. 나의 해석에 따라 감정이라는 반응도 얼마든지 달라진다.

사람들을 만나 긍정적인 삶에 대해 이야기하다 보면, 의외로 많은 이들이 긍정적인 삶을 하루 24시간 내내 긍정적인 삼성만 느끼는 것으로 오해하는 경우가 많다. 여기서 그들이 이야기하는 긍정적인 감정이란 하루 종일 웃으면서 누구에게나 친절하게 대하고, 누가 봐도 밝고 명랑하다거나 '나는 할 수 있다'를 외치며 의욕이 넘치는 것 등이다. 그래서 자신은 긍정적인 것과는 거리가 멀다고 일찌감치 단정 지어 버린다.

진정한 의미의 긍정은 하루 종일 파이팅을 외치는 것보다는 오히려 부정적인 상황을 그 자체로 담담히 받아들이고 차분하게 대처하는 쪽에 더 가깝다. 부정적인 상황과 감정이 없는 것이 긍정이 아니다. 쉽게 말해 긍정적인 감정이 잘하고 있다는 '성취의 신호'라면 부정적인 감정은 일종의 '자기 돌봄의 알람' 정도로 받아들이면 충분하다. 알람이 울리면 잠깐 멈추고 생각해 보자는 것이다. 부정적인 감정을 있는 그대로 받아들이고 전환하려고 하는 것이 긍정의 방향이다.

갓 태어난 내 아기를 보면 행복감에 앞서 '의무감, 책임감, 두려움'이 뒤섞인 알 수 없는 기분이 든다. 점차 아기의 존재가 확실하게 느껴지면서 비로소 '행복, 사랑, 가족'이라는 의식이 자리를 잡아간다. 또래 아기 엄마들에게 물어봐도 대체로 비슷했다. 각각의 상황은 조금씩 달랐지만 기본적으로는 유사한 감정을 겪어내고 있었다.

아기 낳은 지 얼마 안됐을 때는 수시로 울고 깨는 아기를 먹이고 재우는 단순한 생활의 반복이다. 내 몸도 완전히 회복되지 않은 상태지만 엄마라는 이유로 모든 것을 기쁘고 감격스럽게 해내야 한다는 강박관념이 작용한다. 이상적인 엄마의 모습과는 달리 현실에서의 나는 못 먹으면 배가 고프고 못 자면 정신이 몽롱해진다. 피로감이 누적되면서 어느 순간 부정적인 감정이 순식간에 올라온다.

나는 주로 신체적인 제약이나 안전에 대한 위협을 받을 때 부정적인 감정 습관이 작동하는 타입이다. 오랜 시간 사용해온 감정들이 줄줄이 연결되는 것이다. 피곤에 절어 부정적인 감정이 들 때 즉시 효과가 있던 것은 아기를 아빠나 다른 가족에게 맡기고 제때 먹고 충분히 자는 것이었다. 그렇게 하루만 보내도 대부분은 해결되었다. 부정적인 감정을 자기 돌봄의 알람으로 활용한 것이다. 부정적인 감정을 무작정 거부하다가 자기도 모르게 폭발하는 대신 조기에 조절할 수 있는 기회가 된다.

부정적인 감정이라고 무조건 참을 필요는 없다. 어떤 감정이든 하나하나 꺼내보고 그와 연관된 습관들을 점검하기 시작하면 감정이 단순한 감정 그 자체로 보인다. 단순하게 바라보면 부정적인 감정의 크기 또한 한결 줄어든다. 혼자만의 생각으로 감정을 키워놓고 휘말려 들 뻔한 위험에서 벗어난 것이다.

눈앞의 감정에만 초점을 맞추면 모든 것이 그 안에 있는 것 같다. 조금만 눈을 들면 감정은 그 자체의 크기로 줄어들고, 진짜 내가 원하는 더 넓고 큰 그림이 보인다. 우리가 바라보아야 할 것은 내가 원하는 진짜 나의 모습, 부분이 아닌 완전한 그림이다.

감정은 받아들이기에 따라 아주 단순한 생리 반응에 불과하다. 자신이 충분히 조절할 수 있음에도 무방비로 있다가 휩쓸릴 것인지는 오로지 당신의 선택에 달려 있다. 다른 이들이 이야기하는 긍정적인 감정에 대한 고정관념에서 벗어나자. 남들이 두려워하고 피하는 부정적인 감정도 실상은 필요한 자기 돌봄의 알람에 불과하다. 어떤 경우에도 감정 자체에 목적을 두고 그러한 감정을 느끼는 자신을 비판할 필요는 없다.

감정은 감정 자체로 받아들이면 충분하다. 내가 주로 사용하는 질문은 이것이다.

"이것이 진정한 나로 살아가는데 얼마나 영향을 주는가?"

스스로에게 질문하면 대부분은 '별 영향 없다'는 대답이 돌아왔다. 차분하게 혼자 묻고 답하면서 하나씩 풀어나가면 그만이다. 기준은 진짜 내가 원하는 나의 모습이다. 내가 그리는 그 모습을 기준으로 집중할 때 불필요하게 부풀려진 감정은 원래의 모습과 제자리를 찾는다.

눈을 크게 뜨고 진짜 나의 모습, 내가 진정으로 원하는 상태에 집중하라. 한낱 스쳐지나가는 감정에 울고 웃으며 마음의 밑바닥에만 머무를 것인가. 하늘을 나는 새는 날아오르는 데 불필요한 것들은 주저 없이 버린다. 단 하나도 혹시나 싶어 저장하는 일이 없다. 두려움과 불안으로 끌어안고 있는 미련을 놓아주어야 비로소 땅을 박차고 날아오를 수 있다. 불필요한 감정의 잔상은 모두 떨쳐 버리고 어느 때보다 홀가분한 몸과 마음을 느껴보자. 새처럼 자유로이 진짜 나로 날아오를 시간이다.

04
내 안의
열등감을
인정하라

고등학교 시절의 일이다. 왜 주변에 그런 친구들이 있지 않은가. 사춘기인데 여드름 하나 나지 않은 희고 맑은 피부에 또렷한 이목구비를 가진 청순한 여학생. 똑같은 교복을 입었는데도 귀티가 흐르는 그런 류의 친구다. 얼굴이 예쁘면 성격이라도 별로여야 '역시 세상은 공평해'라며 위안을 삼을 텐데 마음 착한 그 친구에게는 해당되지 않는다. 나와는 서로 1, 2등을 다투며 성적도 비슷한데다 둘 다 마르고 키 큰 것까지 같아 바로 앞뒤 번호로 붙어있었다. 원치 않아도 이런저런 일로 나란히 앉게 되는 날이면 괜히 나 혼자 신경이 쓰여 안절부절했다. 다른 친구들이 우리 둘의 얼굴을 비교할지도 모른다는 생각에 은근슬쩍 다른 자리로 옮겨간 적도 있다.

그 친구에 대한 열등감을 인정하는 일은 어렵지 않았다. 워낙 예

쓰니 아예 나와 '다름'으로 받아들인 것이다. 어설픈 비교와 경쟁을 멈추자 내가 원하는 것이 보였다. 남들에게 좀더 예뻐 보이기 위해 길렀던 머리를 숏커트 스타일로 바꾸었다. 머리 손질에 소질 없던 나는 한결 편해졌고, 예상 외로 주위의 폭발적인 호응을 얻었다. 큰 키에 중성적인 이미지의 나와 잘 어울렸는지 졸업 때까지 친구들 로부터 각종 편지와 선물을 받아가며 인기를 누리게 된 것이다.

이번엔 좀 다른 이들의 이야기다. 아무리 봐도 객관적으로 예쁜 얼굴은 아니다. 화장을 거의 하지 않으면서 오히려 유행과 상관없 는 디자인의 안경을 쓰기도 한다. 대체로 몸매 라인이 드러나지 않 는 수수한 옷차림을 하고 있다. 반전은 똑 부러지는 말투와 크지 않 은 목소리로 할 말을 다 하는 모습이다. 때와 장소를 가리지 않고 답을 얻을 때까지 계속 질문하는 경우도 많다. 다른 이들의 눈치는 개의치 않는다. 나는 그들이 촌스럽고 뻔뻔하다고 치부하면서도 무 언가 당당해 보이는 것이 부러웠다. 이런 이들 앞에서는 나도 모르 게 위축되고 내 의견 내는 것을 주저하기도 했다.

소위 말하는 '아줌마'가 되면서 깨달음이 왔다. 아기가 내 얼굴에 자신의 얼굴을 부비니 일할 때가 아니면 노메이크업이다. 작고 통 통한 손으로 쉴 새 없이 잡아당기는 머리카락이 빠질 새라 질끈 묶는 스타일은 기본이다. 혼자라면 아무도 말 거는 이가 없을 텐데 아기와 함께 나가면 처음 만나는 이들과도 어떤 이야기든 나눌 수 있다. 상대가 누구든 아기한테 필요한 게 있으면 서슴없이 이야기하게 된다. 이건 아니다 싶은 일에는 즉시 의견을 어필할 수밖에 없다. 그러고 보니 어느샌가 내가 바로 그 모습을 닮아 있었다.

이번에는 그들과 '같음'을 인정하면서 받아들이게 된 것이다. 그들이 결국 나와 같은 이들이고 나 또한 그들과 다르지 않음을 알게 되었다. 내 안에 충돌하며 혼란스럽게 하던 우월감과 열등감이 점차 균형을 이뤘고, 나의 맨 얼굴과 수수한 동네 패션에도 힘이 생겼다.

해외 경험에 대한 열등감도 항상 내 발목을 잡고 있던 것 중 하나다. 외국계 기업에서 오랫동안 일한 나에게는 큰 스트레스가 되었다. 회사에는 유독 어릴 때부터 외국에서 살아본 직원들이 많고, 단순 어학연수가 아닌 해외 유학을 다녀온 석사, 박사도 수두룩하다. 처음엔 영어에 전혀 부담감이 없는 그들을 보면서 '부모 잘 만나서, 돈이 많아서'라고 치부하며 애써 모른 척했다.

나의 고정 관념은 해외 연수나 유학 경험 없이 영어가 유창한 후배 P를 만나면서 완전히 깨졌다. 그는 경기도 모 대학의 학사 출신이다. 스펙과 상관없이 업무 능력이 좋다 보니 입사도 수월했다. 어떤 경우에도 전혀 주눅 들지 않고 모든 일에 당당하다. 함께 해외 출장을 가도 다른 어떤 후배들보다 든든하고 일이 잘 풀렸다.

가까이서 승승장구하는 그를 지켜본 나는 더 이상 핑계 뒤로 물러설 수 없었다. 이제 그냥 맞서는 수밖에 없었다. 또다시 영어공부에 매진하겠다는 뜻이 아니다. 평생에 걸쳐 배워온 것은 이미 내 안에 다 있다. 다만 제대로 사용하지 못할 뿐이라는 사실을 되새기며 나를 다잡은 것이다. 사실이 그렇지 않은가. 몇 십 년 동안 배운 영어를 도대체 얼마나 더 배워야 하는가. 제대로 써보기도 전에 두려움에 입을 막고 있는 것이다. 실행 방법은 아주 단순했다. 걱정하고 두려워할 에너지를 이미 알고 있는 하나라도 자신 있게 활용하는 방향으로 바꾼 것이다.

에너지의 방향을 바꾼 이후로 외국인들과 이야기할 때는 맞고 틀림에 상관없이 더 크고 또렷하게 이야기하는 나를 발견했다. 딱 맞는 표현이 바로 떠오르지 않더라도 자책 대신 '유학은커녕 그 흔한 어학연수 한번 안 다녀오고 이정도 하는 건 대단한 거다!'라며 관점을 바꿔버렸다. 예전엔 '영어만 잘하면 완벽할 텐데'라며 고민에 빠졌다면 이제는 '영어 빼고 다 괜찮은 나'로 살게 된 것이다.

결국 나의 열등감의 정체는 완벽함에 대한 강박이었다. 누구든 나에게 없는 것을 가지고 있으면 그 특정 부분만 가지고 나와 비교하며 열등감을 갖는 것이다. 어떤 경우에는 타고난 외모가, 어떤 경우에는 자신감 있는 태도가, 어떤 경우에는 철저한 노력이 비교 요소가 된다. 나와 상대방을 전체로 받아들이지 못하고 하나하나 뜯어보면서 하나부터 열까지 따로따로 비교한다. 객관적으로 열 개 중 아홉 개에서 내가 더 낫다고 판단되더라도 그가 나보다 나아 보이는 단 한 가지에 집착하여 열등감에 빠지는 식이다.

　　나에게 열등감을 인정하는 것은 한 사람을 존재 자체로 받아들이는 법을 배우는 과정이었다. A와 나는 특정 부분만 놓고 보면 비교 대상인 것 같지만 전체를 놓고 보면 전혀 다른 사람일 뿐이다.

　　애초에 열등감은 누군가와의 경쟁에서 상대적인 등수를 매기기 때문에 발생한다. 처음부터 그와 나는 경쟁 상대가 아니었다. 내가 힘든 것은 내가 만든 헛된 기준에 따라 불리한 경쟁을 하고 있었기 때문이다. 소모적인 싸움에 휘말려 정작 필요한 곳에 사용할 에너지를 잃고 쓰러지는 것이다.

　　누구에게나 열등감은 생길 수 있다. 관건은 열등감을 어떻게 받아들이고 해석하느냐다. 열등감 자체에만 집중하여 이를 없애는데 치중하면 의도와 달리 더 많은 에너지를 쏟아붓게 된다. 마치 활활 타오르는 불에 기름을 붓는 격이다. 어찌어찌 한 가지를 해결한다 해도 또다시 찾아오는 열등감에 일일이 힘을 뺄 수는 없는 노릇이다. 열등감을 받아들이지 못한 내 안의 감정 습관을 찾아 근본적인 에너지의 방향을 바꿔주는 것이 필요하다. 새로운 감정 에너지의 방향은 더 이상 부정적인 열등감의 습관을 반복하지 않도록 나를 이끄는 나침반이 된다. 감정 습관을 바로잡으면 열등감을 인정하고 받아들이는 것은 지극히 자연스러워진다. 열등감은 인정하는 순간부터 더 이상 열등감이 아니기 때문이다.

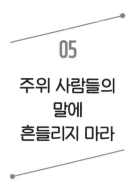

05
주위 사람들의
말에
흔들리지 마라

오늘 아침 눈을 뜨고 제일 먼저 한 일은 무엇인가? 회사원 H씨
는 아직 침대에 누워 휴대폰을 보고 있다. 포털 사이트를 켜니 밤새
일어난 사건 사고로 댓글창이 시끄럽다. 불이 나 자고 있던 일가족
이 모두 숨졌는가 하면, TV에서 친근하게 보던 연예인이 자살로 생
을 마감했단다.

'젊은 나이에 하루아침에 죽을 수도 있구나.'

온몸의 힘이 빠지는 느낌이다. 기분 전환 삼아 SNS를 들여다본
다. 대학 동창 R은 10분 전 인천공항에서 인증샷을 날렸다. 휴가철
도 아닌 평일에 온 가족이 휴양지로 가다니 '세상엔 팔자 좋은 사람
많다' 싶어 출근하기 싫어진다.

무거운 몸을 일으켜 욕실로 향하며 TV를 켠다. 물가는 또 오르

고 자영업자들은 1년도 못 버티고 망하는 곳이 태반이란다. '나는 다닐 회사라도 있으니 다행'이라 생각하며 세수를 한다. 휴대폰 소리에 대충 닦고 받아보니 상사인 김 부장이다. 급한 계약 건으로 출근 중이라며 얼른 나오라고 재촉한다. 허둥지둥 나서면 지하철은 이미 만원이다. 서로 밀고 밀리는 동안 한쪽에선 욕설이 들린다. 누군가 발을 밟고 사과를 안 한 모양이다. '이놈의 지긋지긋한 회사를 그만두던가 해야지' 하다가 잠시 후 있을 계약 건에 마음이 무거워진다.

우리는 하루에도 몇 번씩 의도치 않은 생각과 감정의 소용돌이를 겪는다. 대부분은 외부로부터 들어온 것들 때문이다. 다른 이들의 생각과 감정은 쉽게 주입되는 반면, 내 생각과 감정은 제대로 들여다보기 힘든 시대다. 처음엔 긴가민가하며 주위 사람들의 말을 하나둘 받아들이다가 어느 순간 남의 의견인지 내가 한 말인지 마저도 헷갈린다. 내 안에 내 것이 없으니 갈수록 남 이야기가 내 생각인 듯 벗어나기가 더욱 힘들어진다.

주위 사람들의 말은 마치 그리스 신화에 나오는 '프로크루스테스의 침대'와도 같다. 힘 센 거인인 프로크루스테스는 자기 땅을 지나가는 나그네가 발각되면 곧바로 붙잡아 쇠침대 위에 눕혔다. 만약 나그네의 키가 침대보다 길면 몸을 잘라서 죽이고, 침대 길이보다 짧으면 늘여서 죽였다고 한다.

사람들은 자신의 기준에 맞춰 다른 이들을 재단하고 싶어 한다. 10년 넘게 육아에 전념한 자칭 '육아의 달인'인 지인은 모든 이야기를 '육아'와 연관시킨다. 문제도 해결도 모두 '육아'에 있다고 주장한다. 직업 중에 공무원이 최고라고 여기는 친척 어른은 모든 삶의 해결점을 '공무원 되기'에서 찾는다.

지금 당장 주변을 둘러보라. 어디에나 이런 이들은 있다. 누구나 자신이 믿는 것을 기준으로 이야기할 수밖에 없는 법이다. 따라서 나를 가장 사랑한다고 하는 사람들의 조언이라 할지라도 어디까지나 그들의 의견에 지나지 않는다. 그저 자신의 제한적인 경험 내에서 한마디씩 거들 뿐이다.

돌이켜 보면 내 삶의 목적과 이유가 분명하지 않을 때 주위 사람들의 말에 더 크게 흔들리곤 했다. 누군가 A가 좋다고 하면 정말 그렇게 보이고, B가 낫다면 그런 것도 같다. 내가 지금 무엇을 왜 하는지도 모르는데 어떤 기준으로 그것들을 판단할 수 있겠는가. 그저 이 사람 말에 흔들, 저 사람 충고에 비틀, 한시도 제대로 서 있기 힘들 지경이었다.

처음으로 나를 깨우쳐 준 사람은 같은 대학교에 다닌 두 살 아래 친동생이다. 동생이 입학한지 일 년이 다되어 갈 때쯤 학교 앞 파스타 집에서 함께 저녁을 먹었다. 그가 지나가듯 말했다.

"여긴 내가 중요한 일을 결정할 때마다 혼자 오던 곳인데⋯⋯."

동생은 중요한 결정 사항이 있으면 그곳에서 혼자 천천히 식사하며 생각해 본다고 했다. 그렇게 식사를 마치면 정리가 되어 마음을 정하고 나온단다. 그런 의미에서 두고두고 기억날 소중한 장소라고 했다. 나는 머리를 세게 한 대 맞은 느낌이었다.

'고작 스무 살짜리가 무언가를 혼자 결정하고 있었다니.'

그때까지도 되는 대로, 주는 대로, 닥치는 대로, 그런대로 살아온 나에게는 큰 충격이었다. 어쩐지 갓 입학한 신입생이 나보다 성숙한 선배 같더라니. 되짚어 보면 동생은 매 순간 자신만의 기준으로 하고 싶은 일과 하지 말아야 할 일을 명확히 구분하고 있었다. '신입생은 놀아야 한다'는 선배들이나 '기분도 꿀꿀한데 한잔하자'는 친구들에 휩쓸려 다니지 않는 것도 내 눈엔 신기할 따름이었다.

동생이 학업이며 군대, 교내외 활동, 직장까지 자기만의 방향과 속도로 해나갈 때마다 그날의 한마디가 두고두고 떠올랐다. 그 과정에서 잘 모르는 이들이, 혹은 잘 안다고 믿는 이들이 섣불리 충고하거나 가르치려 들 때도 그는 여유롭게 받아넘겼다. 일일이 애써 대꾸할 필요 없이 자신이 원하는 대로 해 나간 것이다.

나는 주위 사람들의 말에 끌려다니다가 갈 길을 잃고 헤매는 경우가 얼마나 많았던가. 그렇게 시달리다 보면 어느 순간 다 포기해 버리고 '될 대로 되라' 식으로 삶을 내던져 버리기 십상이다. 뒤늦게 잃어버린 나를 되찾아보겠다고 결심하지만 어디서부터 어떻게 잘못된 것인지 찾을 길도 없다.

당신은 평소 누구의 말에 가장 많은 영향을 받는가? 특정 인물들의 영향을 강하게 받고 있다면 그들의 말과 행동을 꼼꼼히 살펴보자. 그들은 평소 당신에게 어떤 말을 주로 하는가? 당신의 존재 가치를 인정하고 용기를 북돋워주는 말인가, 아니면 당신을 못미더워하고 깎아내리거나 하찮게 여기는 말인가?

무엇보다 당신에게 부정적인 암시를 주는 사람을 조심하라. 자신에 대한 확신이 없을 때 다른 이들의 부정적인 말은 더 쉽게 주입된다. 당신이 뭔가를 하려고 할 때마다 그들의 부정적인 암시, '너 정도로는 안 돼', '너를 아껴서 하는 말인데, 이쯤에서 포기해' 같은 말들이 수시로 떠올라 괴롭힐 것이다. 이제부터라도 관계를 점검하고, 불필요한 말은 걸러서 들을 필요가 있다.

TV, 인터넷, SNS 등을 통한 자극적이고 부정적인 메시지 또한 대수롭게 넘기지 말자. 어둡고 폭력적인 기사 하나가 하루 종일 두렵고 불안하게 할 수도 있다. 세상 모든 것을 다 알고 있어야 하는 것은 아니다. 꼭 필요한 것만 선택하여 보는 결단이 필요하다.

진짜 나를 만나고 싶다면 끊임없이 들려오는 주위 사람들의 말을 조심하라. 그들이 내뱉는 말의 그늘을 벗어나는 것이 시작이다. 그들이 아무리 나를 사랑한다 할지라도 결국 본인의 경험과 지식에 한정된 조언일 뿐이다. 나를 아낀다는 의도와 달리 나의 시도를 가로막는 장애물이 되는 경우도 얼마든지 있다. 때문에 그들의 말을 모두 받아들이거나 하나하나에 흔들릴 필요는 없다.

집중해야 할 것은 오직 '내 마음의 소리' 뿐이다. 조용히 홀로 앉아 내면의 목소리에 귀를 기울일 때, 비로소 나도 몰랐던 진짜 내가 조심스레 이야기를 시작할 것이다. 이제 진짜 나의 이야기를 들어라. 그리고 더 이상 주위 사람들의 말에 흔들리지 않는, 내가 원하는 삶을 선택하고 확신하며 살아가자.

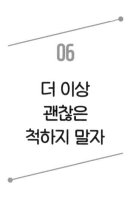

06
더 이상
괜찮은
척하지 말자

직장 생활 15년 중 마케팅 리서치 컨설턴트로 10년 동안 일해 오면서 참으로 다양한 프로젝트와 클라이언트들을 만났다. 순수한 열정으로 가득 차 클라이언트의 일을 내 일처럼 여겼다. 얼마 지나지 않아 '프로젝트가 곧 나'라고 생각하기까지 이르렀다.

프로젝트 진행이 잘되면 행복하고, 중간에 조금이라도 틀어지면 그만큼 불행해졌다. 가족들과 즐거운 시간을 보내다가도 모든 즐거움을 거부하고 들어앉아 자책했다. '그때 내가 이렇게 하지 않았더라면', '저렇게 해보았다면' 하는 식으로 말이다.

클라이언트와의 의견 충돌이 감정적인 상처로 연결되는 경우도 많았다. 프로젝트를 내 자신으로 동일시하는 습관이 생기면서 수시로 감정이입을 하게 된 것이다. 클라이언트가 일의 진행 방식에 대한 이의를 달거나 나의 제안을 받아들이지 않으면 내가 거절당한 것으로 여기며 크게 상처 받았다.

프로젝트에 대한 평가가 곧 나에 대한 평가이기도 했다. 다른 이들이 매기는 점수에 따라 나도 내 자신에게 가치를 매기고 있었다. 어떤 날은 쓸모 있는 귀한 인재였고, 어떤 날은 이런 것도 하나 제대로 못하는 형편없는 인간이 되어 있었다. 기준은 오로지 누군가의 평가였다.

맡은 일에 몰입한다는 것을 나는 완전히 오해하고 있었다. 집중하고 최선을 다하는 것은 좋지만 나와 그 일은 엄연히 다른 존재다. 이를 잊고 일에 대한 평가나 의사결정을 모두 내 감정에 비추어 해석할 때 불행을 자초한다. 무엇이 문제인지도 모른 채 항상 크고 작은 상처를 안고 웃음을 보여야만 하는 것이다. 그래야 나에 대한 좋은 평가를 받을 수 있기 때문이다. 누가 봐도 성실하고 참 괜찮아 보이는데 정작 나는 전혀 괜찮지가 않다.

팀장이 된지 얼마 안됐을 때 새로운 팀원을 맞이했다. 나는 그와 함께 한 달 가까운 해외 출장도 다녀오고 했으니 나름의 동지애가 생겼다고 믿었다. 출장에서 돌아와 프로젝트 보고서를 작성하는데 자꾸만 자신이 맡은 부분에 변명을 늘어놓고 힘들어서 못하겠다는 말만 반복했다. 그때는 급한 마음에 내가 더 하면 된다는 생각으로 일단 넘겼다.

이후 다른 프로젝트에서 그를 포함한 팀원들이 급한 보고서 작업을 나눠 맡았는데, 며칠 후 팀원들이 나를 찾아왔다. 전날 밤, 문제의 그가 자신보다 어린 팀원 두 명에게 다 같이 보고서를 쓰지 말고 팀장인 나를 골탕 먹이자고 했다는 것이다. 이상하게 여긴 이 두 명이 다음날 아침 나에게 털어놓은 것이다.

머릿속이 하얘졌다. 내가 누군가에게 그렇게 미움을 받았다는 것이 당황스럽고, 눈치 없이 그걸 몰랐다는 게 부끄러웠다. 앞으로도 누군가 또 그러지 않을까 불안했다. 그 누구도 믿지 않으리라는 피해의식까지 차례로 떠올랐다. 매일 밤 '말하고 싶은데 목소리가 나오지 않는 악몽'에 시달렸다. 그래도 아침이면 아무렇지 않은 듯 출근해 모두를 대하며 일을 해야 했다.

그날도 역시 출근 준비를 마치고 거울 앞에 섰다. 나는 항상 거울을 보며 '우와 나 진짜 멋지다!'라고 이야기하곤 했다. 처음 사회생활을 할 때부터 생긴 습관이었다. 그날도 '나 오늘 참 멋지다'라고 하려는데 거울 속의 내가 울고 있었다. 그 모습을 보며 또 눈물이 났다.

잠시 주저앉아 있다가 하루 휴가를 냈다. 일단 나갔다. 출근하는 사람들 틈을 걷다가 차츰 속도를 늦췄다. 한 커피숍에 앉아 유리창 너머 바쁘게 걷는 사람들을 바라보았다. 그제야 마음이 조금 말랑해졌다. 저 속에 있지 않아도 된다는 안도감과 갑작스러운 시간에 대한 어색한 설렘이었다.

잠시 후 한가해진 거리를 걷고 아직 한적한 서점에 들러 책 몇 권을 골랐다. 관객이 절반도 안 되는 극장에서 숨넘어갈 듯 웃긴 코미디 한 편도 보았다. 점심시간을 비껴난 시간에는 오랜만에 맛을 음미하며 여유로운 식사도 했다. 지금쯤 회사에서 동동거리며 뛰어다닐 시간인데 세상은 상관없이 잘만 돌아가고 있었다. 어스름이 질 때쯤 내가 좋아하는 소고기와 싱싱한 야채까지 사 들고 집으로 가는데 슬며시 웃음이 나왔다.

'별것 아니었네.'

안달복달하지 않아도 되는 거였다. 모두의 눈치를 보며 하고 싶지 않아도, 보고 싶지 않아도, 먹고 싶지 않아도 애써 괜찮은 척했다. 나를 둘러싼 모두가 좋아야 비로소 나도 좋은 거라고 내 차례를 계속해서 맨 뒤로 보내고 있었다. 드디어 나에게 '괜찮지 않다!'고 딱 잘라 말해준 날이다. 그리고 덧붙였다. '괜찮지 않아도 된다'고 말이다.

괜찮지 않으면 어떤가. 도대체 누구를 위해 항상 괜찮아야 하는

가. 나는 화가 날 수도 있고, 슬퍼할 수도 있고, 불안할 수도 있고, 위축될 수도 있다. 누군가 내가 싫다면 나도 누군가를 좋아하지 않을 수 있다. 마찬가지로 상대방의 눈치와 상관없이 언제든 행복해도 괜찮은 거였다. 내가 스스로 'off'를 선택한 그날, 항상 바깥만 살피던 마음의 레이더도 잠시 멈추었다. 세상 어디에도 없던 고요함이 찾아들었다. 내 마음은 애초에 이렇게 조용했다. 그리고 언제든 그럴 수 있었다. 다른 이들의 외면이나 고립될까 하는 걱정은 무의미했다.

나는 언제든지 내 자신과 연결되어 있어야 한다. 나의 시선을 빼앗는 이들과 상황이 아무리 많아도 내 눈은 나를 향해 있어야 한다. 밖으로만 열려 있던 귀에 내 마음을 소리 내어 읽어줄 필요도 있다. 내가 내 마음의 주인이 되어, 행복하면 행복하다고 괜찮지 않으면 괜찮지 않음을 그 즉시 나에게 알리는 거다. 어떤 경우에도 내 마음의 자리를 다른 이에게 넘겨주지 않으리라.

내 마음은 새날을 맞이했다. 무엇보다 중요한 것은 나 자신이다. 나는 언제나 나다. 일도 내가 아니고, 다른 사람도 내가 아니다. 내가 나인 것에 일말의 가정이나 조건은 필요 없다. 모두가 나를 사랑하지 않아도 나는 그대로 나다. 모든 일들을 내가 하지 않아도 나는 언제나 나다. 내가 느끼는 것, 내가 원하는 그대로가 바로 나다. 괜찮으면 괜찮은 대로, 삐걱거리면 삐걱거리는 대로 충분하다. 오늘도 괜찮은 척하느라 하루가 저물었다면 기억하자. 당신은 괜찮지 않아도 충분히 괜찮은 사람이라는 것을. 더 이상 괜찮은 척하지 않아도 된다.

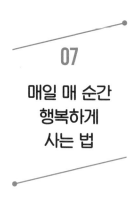

07
매일 매 순간
행복하게
사는 법

오늘의 일정을 정리하다 보니 문득 언제부터 이런 '관리'를 해왔는지 궁금했다. 따져보니 시작은 초등학교 5학년 때였다. 그때 처음으로 '다이어리'라는 것을 알게 되었다. 무슨 생각이었는지, 멋모르는 친구들 앞에서 나는 '다이어리가 꽉 차 있는 사람이 되겠노라' 한 기억이 난다. 내 딴에는 TV에서 본 바쁜 커리어 우먼, 매일이 이벤트로 가득한 삶을 꿈꾸었던 모양이다. 그렇게 시작된 일정 관리는 오랜 습관으로 자리 잡았다. 도구는 달라도 날마다 해야 할 일을 적고 해내면 완료 표시로 두 줄을 쫙쫙 긋는 것은 나만의 의식이었다.

열두 살 아이의 꿈은 어쨌든 이루어졌다. 다이어리는 꽉 차 있었고 매일은 조마조마한 이벤트의 연속이었다. 공부, 일, 친구들과의 만남, 운동, 다이어트, 독서, 쇼핑리스트까지 내 삶의 거의 모든 것이 관리의 대상이었다. 하루의 모든 일이 마감 직전의 홈쇼핑 같았다. 나는 줄긋기에 안달 나 있었다.

계획대로 착착 진행될 때는 모든 것이 좋았다. 눈금을 재거나 저울에 달아보는 것처럼 날마다 쌓여가는 결과물이 다 내 것이라는 생각에 기분이 날아갈 듯했다. 문제는 뜻대로 되지 않을 때다. 몸이 아프거나 갑작스러운 일이 생기면 머릿속엔 뒤처지게 될 계획 걱정이 가득했다. 하루씩 뒤로 미뤄지면 그로 인해 전체가 흐트러지고 무너질 것만 같다. 간신히 쌓아둔 저울 위의 결과물이 깃털처럼 날아가 버리는 환영에 괴로웠다.

다음날이 되면 마음을 가다듬느라 한참의 시간이 필요했다. 어제 저만큼 해뒀어야 오늘 계속 이어갈 수 있는데, 여전히 제자리라는 생각에 조급해진다. 의지를 불태우며 어제 것까지 '2배로 해내리라' 굳은 결심을 한다. 스스로를 다그치고 몰아붙이며 하루를 보낸다. 잠시라도 다른 생각이 들면 자책하고 비관한다. 힘들다고 느끼면 '이 정도도 못하나'라는 실망감이 스멀스멀 올라온다.

아이러니하게도 급할수록 실수가 생기고 착오로 이전 것까지 되돌려야 하는 상황도 발생한다. 섣불리 따라잡으려다가 두 배 세 배로 늦어지는 순간이다. 놓친 부분을 따라잡을 때까지는 매일이 고통이다. 하루하루의 의미는 사라져버린다. 기억나는 것은 날이 바뀌고 계속해서 내가 뭔가를 했다는 것뿐이다. 오늘이 어떤 날이었는지, 나의 기분이 어땠는지는 떠올릴 필요도 없다. 목표를 달성하기 전까지는 아무 의미도 없기 때문이었다.

이벤트로 가득한 멋진 삶을 꿈꾸던 아이에게 다이어리 속 계획은 도달하지 못한 목표이자 밀린 숙제가 되어 가고 있었다. '오늘 걷지 않으면 내일은 뛰어야 한다'는 카를레스 푸욜의 말이 언제나 머릿속을 맴돌았다. 나는 날마다 걸으면서도 내일 뛰게 될 것을 미리 걱정하고 있었다. 내일 때문에 오늘이 항상 불안했다.

그때 참고 참아온 내 안의 '진짜 나'가 말한다.

"오늘은 그저 걷기만 해도 충분해."

처음으로 돌아가 보자. 내가 가장 좋아한 것은 두 줄을 긋는 바로 그 쾌감이었다. '해냈다'라는 성취감, '내가 했다'라는 만족감이 시작이었다. 매 순간 내 안에 채워지는 자기 긍정으로 생생한 하루를 사는 것이다. 원래의 목적을 잃고 눈앞에 보이는 계획과 관리에 급급해지자 진짜 좋았던 것들은 자취를 감추고 말았다. 무작정 자신을 재촉하고 다그치기만 했으니, 내 안의 내가 얼마나 안타까워 했을 것인가.

아기가 처음으로 걷는 순간을 목격한 적이 있는가. 부모라면 잊지 못할 순간이다. 목도 가누지 못하던 작고 연약한 생명체가 점차 몸을 일으키고 혼자 앉더니 잡고 일어서기 시작한다. 넘어지고 뒤집어지고 뒤뚱거리다가 드디어 첫걸음을 내딛는다. 태어나 처음으로 걷게 된 것이다. 나는 오늘의 이벤트를 위해 아기가 1년 동안 준비한 것이라며 감격했다.

어느 날 휴대폰에 저장된 아기 사진을 넘겨 보다가 알게 되었다. 거기엔 한 장 한 장이 모두 이벤트였다. 아기는 걷기 위해 준비한 것이 아니었다. 태어나서 걷기까지 매 순간이 처음이고 모든 것이 기적이었다. 혼자 한걸음 내딛은 것도 끊임없이 이어진 기적 중의 하나였을 뿐이다.

'목표 달성'이라는 나의 눈으로 보면 아기는 드디어 걷기라는 1단계 목표를 달성한 것에 불과했다. 그러나 아기를 기준으로 보면 세상에 태어나고 혼자 처음 숨을 내쉬는 것부터 매 순간 일분일 초가 처음이고 도전이자 끊임없는 성취였던 것이다. 나는 처음으로 아기에게서 '순간'의 위대함을 배우고 실감했다.

내 인생은 계획과 관리의 목표달성 기록장이 아니다. 나라는 존재 자체를 보지 못하고 도구와 수단으로 인식하면 생산성과 결과물을 기준으로 판단하게 된다. 날마다 무자비하게 돌아가는 기계처럼 못한 것, 안 된 것, 부족한 것만 보이기 마련이다.

나는 이제 아기처럼 살기로 했다. 지금 이 순간 한걸음을 떼고 세상에서 가장 기뻐하는 아기처럼 매 순간을 생생하게 누리며 내가 서 있는 이 자리에서 충분히 기뻐하리라. 내가 나를 기뻐할 때 새로운 기적도 열리는 법이다. 기뻐하고 만족하지 못하는 이에게는 모든 것이 항상 시련이고 미련이다. 기뻐하며 만족할 때 기회가 기적을 이룬다.

이 순간은 다시 오지 않는다. 'Here and Now' 지금 내가 해냈을 때 그 자리에서 즉시 나를 칭찬하고 기뻐한다. 한순간 넘어지면 그때도 그 자리에서 즉시 나를 위로한다. 나를 포함한 누군가가 잘못된 길에서 돌이켰다면 그 자리에서 즉시 용서하고 잊는다. '나중에 곰곰이 따져보겠노라' 하는 일들은 결국 나에게 상처만 남겼다. 모든 것의 비밀은 바로 지금, 이 순간에 있었다.

행복의 비결은 따로 있지 않다. 지금의 행복을 나중으로 미루지 않는 것, 오늘의 행복을 내일의 부담감으로 억누르지 않는 것이면 충분하다. 계산하지 않고 매 순간을 즐기면 항상 행복하다. 미련을 두지 않고 매 순간 잊으면 항상 새롭다. 언젠가로 미뤄두면 뭐든 곪고 썩는다. 미처 해결하지 못한 나와의 과거가 있다면 이 자리에서 나를 용서하고 지금의 나에게 기회를 주자.

우리가 할 일은 이 페이지를 넘기기 전 지금 여기에서 행복을 선택하는 것뿐이다. 구구절절한 조건을 붙이며 또다시 미룰 필요는 없다. 스스로에게 선포하라.

"나는 지금 즉시 행복을 선택한다. 어떠한 계획이나 미련도 지금 이 순간과 바꾸지 않는다. 다른 사람에게 나의 행복을 대신 선택하거나 가져다 달라고 하지 않는다. 오직 나만이 나의 행복을 선택하고 누린다. 이제부터 나는 지금 여기서 매일 매 순간 행복하다."

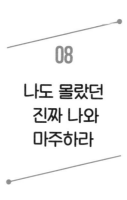

08

나도 몰랐던
진짜 나와
마주하라

5년 전 겨울, 1년 간 미루고 미뤘던 일주일간의 휴가를 내고 혼자 여행을 떠났다. 10년 만에 처음 있는 일이었다. 이제부터 일주일은 온전히 나 혼자. 꺼진 휴대폰은 가방 깊숙이 넣어 두었고 손에는 지도 한 장도 없다. 싱가포르 시내에 있는 특급 호텔을 예약해 둔 것이 전부다. 아무데도 갈 생각이 없으니 하루 종일 머물 곳이 가장 좋아야 했다.

아침 7시, 책 한 권을 들고 야외 수영장으로 나갔다. 넓고 넓은 풀 사이드에는 달랑 나 혼자. 오랜만에 잡은 책이 어찌나 재밌던지 순식간에 읽어버리고 말았다. 다음 날엔 아무 생각 없이 온종일 누워서 하늘만 보았다. 몸의 감각에만 집중하자 바람이 실처럼 가닥가닥 스치는 느낌이 들 정도였다. 세 번째 날엔 노트 한 권을 들고 가 앉았다. 일단 아무것이나 떠오르는 대로 적었다. 그러다 어느 새 노트는 점차 혼자 주거니 받거니 하는 '나와의 인터뷰'가 되어가고 있었다.

내가 나에게 묻는다.

"그동안 어떻게 지냈어?"

하고 싶은 공부를 실컷 했고, 원하던 일자리를 찾았다. 전 세계를 돌며 미친 듯이 일을 했고, 경제적으로 독립한 씩씩한 1인 가구로 살았다. 한편으로는 일에 치였고, 경쟁에 매달렸고, 관계에 상처받았다. 맨손으로 시작한 경제적 독립은 끝없는 자기와의 싸움이었고, 씩씩한 1인 가구는 외로움의 다른 이름이었다. 겉으로 강하고 괜찮은 척하던 나의 진짜 모습은 사실 나를 포함해 아무도 돌봐주지 않아 성장을 멈춘 어린 아이 그대로였다.

"이제까지 왜 몰랐을까?"

어렴풋이 짐작은 했지만 어떻게든 인정하고 싶지 않아서. 아무리 나만 아는 내 자신이라고 해도 연약하고 부족한 모습을 선뜻 받아들이지 못했다. 감정적인 극한 상황, 신체적 제약이나 어려움이 있을 때 드러나는 극단적인 나의 모습은 항상 후회만 남겼다.

부딪힌 공격을 당하거나 원치 않는 일들을 해야 할 때 그것은 '억울함, 적대감, 모멸감, 자괴감' 등으로 나타났다. 매일의 피로가 누적되어도 정신력의 문제로 치부당할 때는 '피해의식'에 시달렸다. 당장이라도 모든 것을 포기하고 '회피, 잠적, 자해'하고 싶은 충동에 휩싸이기도 했다.

'나와의 인터뷰'가 계속될수록 감추어 있던 진짜 나의 모습이 하나씩 실체를 드러내고 있었다. 인정하고 싶지 않은 모습을 확인하는 게 썩 즐거운 일은 아니다. 하지만 시간이 갈수록 이 순간을 정말 오랫동안 원하고 있었다는 확신이 들었다. 고통스럽지만 나의 진짜 모습을 발견하면서 가슴 한구석이 시원해지는 느낌이 들었기 때문이다.

"내가 진짜 원하는 내 모습은?"

쓸데없는 것은 수시로 비우면서 산다. 불필요한 것을 내가 다 끌어안고 답답해하지 않는다. 나와 상대방에 대한 일방적인 기대를 거두고 있는 그대로 받아들인다. 상처를 두려워하며 피하기만 하는 대신 내 자신에게 충분히 표현할 기회를 준다.

이렇게 적어내려가기 시작하자 작은 노트는 몇 장이나 넘어가고 있었다. 마지막 문장은 '앞으로 정기적으로 나와의 인터뷰를 계속한다'였다. 떠나와서야 깨달았다. 나와의 만남, 인터뷰는 원한다면 언제 어디서든 할 수 있는 것이었다. 집 앞 카페, 강변 산책길이나 회사 앞 공원에서도 말이다. 드디어 내 안의 진짜 내가 웃는 것이 느껴졌다. '아, 나도 저런 웃음을 지을 수 있었구나' 싶은 그런 얼굴이었다.

서울로 돌아와서도 계속된 나와의 만남을 통해 이제는 좀 더 객관적인 시각으로도 진짜 내 모습을 찾고 싶어졌다. 사람들의 생각과 행동에 대한 리서치를 직업으로 하다 보니 객관적 통계 결과를 제시하는 정량 조사와, 주관적으로 깊이 있는 정성 조사가 둘 다 중요함을 잘 안다. 넓이와 깊이가 함께 있어야 통합적인 분석이 가능하기 때문이다.

다양한 심리 분석에 대해 공부하면서 얻은 결과들을 나와의 인터뷰에 계속 활용해 보았다. 검사 방법에 따라 여러 각도로 내 모습을 다시 볼 수 있었다. 검사 방법별 차이는 있었지만 나에 대해 일맥상통하는 주요한 특성들을 발견한 것이 가장 큰 소득이었다.

결정적으로 '에니어그램(Enneagram)'은 많은 검사 결과들을 하나로 엮어주는 가장 큰 역할을 했다. 원래 자아관찰의 도구로 개발되었던 에니어그램을 통해 이제까지 부분적으로 알고 있던 내용들이 처음부터 끝까지 하나로 연결되는 느낌이었다. 어린 시절부터 지금까지의 내 삶이 '설명 된다'는 점이 너무나도 신기했다.

에니어그램(Enneagram)은 그리스어로 9를 뜻하는 'ennea'와 도형을 뜻하는 'gram'이 합쳐진 말이다. 9도형 또는 9모형이라고 할 수 있다. 9개의 성격유형으로 구성되어 있으며 각 성격유형의 발달 수준(건강, 보통, 불건강)을 진단하고 그에 따른 변화와 성장의 기회를 제공한다. 의도적으로 발명된 다른 심리 검사와는 달리 인류와 함께 발견된 보편적인 우주의 법칙과 지혜라는 면에서 더욱 흥미롭다.

무엇보다 에니어그램은 자기 자신을 찾아 삶 속 에너지의 균형을 이루도록 하는 안내자 역할을 한다. 내면의 보물을 발견하도록 돕는 보물지도인 동시에 건강하게 통합된 자아로 나아가는 성장의 도구다. 개인의 인격과 타인과의 인간관계 개선에 모두 적용할 수 있다는 강점도 있다.

다양한 방법들로 나에 대해 알아갈수록 나와의 인터뷰도 깊이를 더해갔다. 처음에 단순히 하나의 질문으로 시작한 것이 전반적인 감정 습관을 점검하고 건강한 내 모습을 그려갈 수 있는 밑그림을 제공해준 것이다.

이후에는 그간의 과정이 나와 다른 이들의 삶에 긍정적인 효과를 가져다 줄 수 있겠다는 확신이 들었다. 나를 위해 시작한 공부의 넓이와 깊이를 키우다보니 전문적인 자격도 따라왔다. 덕분에 나만이 아닌 더 많은 이들의 삶에 조금이라도 도움이 되고자 하는 새로운 꿈을 갖기에 이른 것이다.

일상의 번잡함을 핑계로 진짜 나를 외면하고 있었다면 언제 어디서든 꼭 한번은 마주해야 한다. 진정한 변화는 나도 몰랐던 진짜 나를 만나면서 시작된다. 나와의 인터뷰를 시도할 아주 작은 용기면 충분하다. 처음엔 예상치 못한 모습에 당황스러울 수도 있다. 다양한 방법으로 자신을 들여다보면서 그동안 숨겨진 모습에 놀라움을 금치 못할 것이다. 하나하나 진짜 나의 모습을 제대로 보고 인정할 때 비로소 가면을 벗고 자유로움을 얻는다. 그때부터는 언제 어디서든 거리낌없이 나와 마주할 수 있다. 더할 나위 없이 편안한 일상이다. 진짜 나로 살아가자. 편안한 마음이 우리를 삶의 지혜로 인도하고, 인생의 모든 순간이 새로운 의미로 다가올 것이다.

3장

감정 습관을 바꾸기 위해
먼저 해야 할 것들

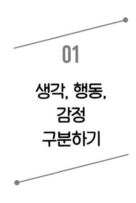

01
생각, 행동,
감정
구분하기

우리는 하루에도 수많은 생각을 하며 살아간다. 좀 전에 카페에 들어온 나는 계산대 앞에서 잠시 망설였다.

'아이스 아메리카노를 마실까? 바람도 부는데 카페라떼?'

따뜻한 카페라떼 받아 들고 자리에 앉으니 '곧 겨울이네. 소복하게 쌓인 눈을 보고 싶다'는 생각이 떠오른다. 그에 질 새라 '눈 쌓인 공원을 아무도 없는 새벽에 제일 먼저 걸어 보면 어떨까'도 싶다.

'생각'은 사물을 헤아리고 판단하는 것이고, 어떤 사람이나 일에 대한 기억이기도 하다. 새로운 것에 대한 관심으로도 나타날 수 있다고 사전적으로 풀이된다. 과거에 대한 생각은 기억, 현재의 생각은 판단, 미래에 대한 생각은 관심이다.

지금쯤 근처 공원이 산책하기에 제격일 것 같다. 이러고 있을 게

아니라 잠시 쉬어야겠다. 그래서 이 노트북을 덮는 것부터는 '행동'
이다. 생각난 김에 몸을 움직이는 것이다. 생각을 통해 행동을 결정
하는가 하면 생각과 연관성이 적어 보이는 행동도 있다. 방금 나는
왼손으로 왼쪽 머리를 긁적였는데 딱히 별생각이 있었던 것은 아
니다. 자판에 두 손을 올리고 있다가 어느 순간 왼쪽 머리를 긁고
다시 손을 내렸다. 그러고 보니 나는 글을 쓰면서 종종 왼쪽 머리를
긁곤 했다. 지금에서야 알게 된 '무의식적인' 행동이다.

생각과 행동 사이에 또 하나, 감정이 자리 잡고 있다. 감정은 '어
떤 현상이나 일에 대해 생기는 마음이나 느끼는 기분'으로 풀이된
다. 현상이나 일 자체는 그대로이나 거기에 대해 어떤 마음이 생겨
나고 어떻게 느끼느냐는 모두 제각각이다.

'감정 습관 들여다보기'를 위해 감정을 생각이나 행동과 분리할
줄 알아야 한다. 일단 감정이 무엇인지를 골라내어야 습관적으로
가지고 있는 감정도 구분해 낼 수 있지 않겠는가.

나의 블로그 이웃 L씨는 겉보기에 참하고 예쁘장한 누가 봐도
'천생 여자' 스타일이다. 그녀가 털어놓기를 얼마 전 설거지를 하다
가 가슴이 답답해지면서 그릇을 마구 던져 깨고 싶은 충동을 강하
게 느꼈다고 한다. 남편과 육아문제로 의견 충돌이 있었는데, 무심

코 그릇을 씻다가 그때의 대화가 떠오르고 말았다. 자신도 모르게 그 생각에 몰입이 되더니 갑자기 손에 힘이 들어가다가 정신이 번쩍 들었다는 것이다. 그릇뿐만이 아니라 빨래를 널다가 옷을 던져버린다던가 쌀을 씻다가 엎어버리는 식이었다. L씨는 자신의 모습이 혹시 아이들에게 부정적인 영향을 끼칠까봐 두려워하고 있었다.

나는 L씨와 함께 쉬운 방법부터 시도해 보았다. 가장 표면적으로 드러난 반응을 중심으로 차례로 그 안쪽으로 들어가 보는 식이다. A4용지를 여러 장 준비한다. 가로로 펴서 삼등분을 하면 일단 준비 완료다.

첫째, 최근에 있었던 유사한 반응들을 모두 수집해 본다.

유사한 반응이란 비슷한 말과 행동을 한 순간들이다. L씨의 경우 무언가를 던져버린 상황들이다. 기한은 가능하면 그러한 일이 처음 일어났을 때부터 전체로 하는 것이 가장 좋다. 만약 그 기간이 1년 이상 오래되었고, 1년 이내에도 동일한 상황이 수차례 있었다면 일단 최근 1년을 기준으로 시작한다. 삼등분 중 가장 오른쪽에 각 상황을 하나 적고 다음 페이지로 넘긴다. 각 페이지별로 한 개의 상황만 적고 넘어가면 된다.

둘째, 적어 놓은 각각의 반응을 하기 직전 자신이 느낀 기분을 상세하게 써본다.

L씨가 먼저 직접 적고 나서 구체적인 기술을 위해 내가 추가 질문을 하여 덧붙이는 식으로 했다. 각각의 상황에 대해 유사한 부분도 있고 조금씩 차이가 나는 것들도 있다. 각 상황의 왼쪽, 즉 삼등분 중 가운데 칸에 적는다.

셋째, 이번에는 그러한 감정의 발단이 된 생각을 주변 환경과 함께 구체적으로 떠올리며 적는다.

당시 주변 환경이란 장소, 시간, 함께 있던 사람들, 날씨, 기온, 습도, 소음, 들었던 말이나 목격한 행동 등 주변의 물리적 환경을 모두 포함한다. 형식을 구분하지 않고 떠오르는 순서대로 적으면 된다. 삼등분 중 가장 왼쪽, 즉 제일 처음에 해당한다.

상황별로 내용을 채우고 나면 모든 장들을 한눈에 볼 수 있도록 펼쳐 놓는다. 이번에는 반대로 삼등분 중 가장 앞쪽 내용부터 살펴본다. 첫 번째 칸에 있는 내용들은 '생각'에 해당한다. 생각을 기준으로 최대한 내용이 비슷한 장끼리 모아본다. 비슷한 장끼리 모았다면 그들 중 두 번째 칸에 나타난 '감정'을 분류해 보자. 모두 다 같은 내용일 수도 있고, 다시 몇 가지로 구분될 수도 있다. 다시 비슷한 내용끼리 모인 중에서 세 번째 칸에 있는 '행동'을 살펴본다. 이 작업을 그룹별로 반복하다 보면 '생각-감정-행동'으로 이어지는 몇 가지 경로가 눈에 보일 것이다. 각각의 경로를 노트 한 페이지에 모두 옮겨 적어본다. 개인별로 한 개로 나타날 수도, 열 개가 넘게 나타날 수도 있을 것이다.

사건의 발단(생각) → 느낀 기분(감정) → 유사한 반응(행동)

L씨는 미처 인지하지 못했지만 제3자의 입장에서 보니 시작은 항상 '남편과의 지난 대화'에 있었다. L씨의 남편은 가만히 있다가 예상치 못한 때에 한마디씩 툭툭 던지곤 하는데, 대부분은 L씨의 살림이나 육아에 대한 일종의 훈계였다. L씨 입장에서는 들을 준비가 준비되지 않은 상태에서 일방적으로 당하는 셈이다. 자신의 이야기가 끝난 남편은 다시 일상적인 화제로 급전환해 버리곤 했다. L씨의 의견을 채 말하기도 전에 상황 종료다. 그럴 때마다 그녀는 '나도 할 말이 있는데 왜 듣지 않으려고 하지?'라는 생각으로 답답했다. 그리고는 혼자 있을 때 당시가 떠오르면 억울함, 모멸감, 좌절감 등의 감정이 고조되면서 손에 잡힌 살림을 던지는 행동이 반응

으로 나타나게 된 것이다.

단순히 적고 분류해 보는 과정만으로도 우리는 유사한 감정을 불러일으키는 생각과 그로 인해 나타나는 행동을 구분하게 되었다. 이러한 분류 및 분석 과정을 반복하는 가운데 자신이 평소에 가지고 있던 감정 습관도 차례로 모습을 드러낸다.

이 방법은 혼자 해보는 것도 좋지만 객관적인 제3자가 있으면 더욱 효과적이다. 아무래도 자신의 이야기다 보니 혼자서는 판단을 전제하고 시작하는 경우가 많다. 애초에 책임을 전가할 대상을 정해 놓고 모든 것이 그 때문이라고 해버릴 수도 있는 것이다. 이해관계가 없는 제3자의 눈으로 한 번 더 확인하는 것이 좋다.

L씨는 이 과정을 통해 특정한 행동 반응을 불러오는 감정이 있음을 알게 되었고, 그러한 감정을 유발하는 생각과 환경을 밝혀낼 수 있었다. 우선 시작해야 할 것은 본인이 가장 쉽게 접근 가능한 '행동'이다. 자신이 어떤 행동을 할지 알고 있으므로 행동으로 넘어가기 전 '잠깐 멈춤'을 한다. 그리고 아예 다른 행동으로 전환해 버리는 것이다. 주방에 있었다면 베란다로 나간다든지, 빨래를 널던 중이면 시원한 물 한잔을 마시러 냉장고로 간다든지 하는 식이다. 어떤 식으로든 행동의 흐름을 끊으면 감정 습관도 순간적으로 중단된다. 이를 시작으로 서서히 감정 습관을 벗어나게 되는 것이다.

자연스럽게 감정 영역의 영향력이 약해지면, 보다 근본적인 생각 단계에 이르게 된다. 여기엔 L씨와 같이 단서가 되는 생각과 환경이 있다. 제대로 알고 나면 앞으로는 비슷한 상황에서 예전과 같이 말문이 막히지 않는다. 준비된 말로 상대에게 제대로 표현할 수 있게 된다. 이러한 과정이 새로이 자리 잡게 되면 생각과 감정의 고리가 끊어지고 이전의 부정적인 행동으로 연결될 단서가 사라진다. 부정적인 감정 습관이 힘을 잃게 된 것이다.

감정 습관은 생각과 행동에 영향을 준다. 오랫동안 생각이 동일한 해석을 거치고 일정한 표현을 더하면서 하나의 감정 습관이 되는 것이다. 기존의 감정 습관에서 벗어나거나 새로운 감정 습관을 훈련하고자 한다면, 감정을 생각이나 행동과 분리해내는 것부터 해보자. 각각의 생각, 감정, 행동을 기준으로 우리에게 필요한 대상을 단계적으로 공략하는 것이다.

제일 먼저 접근할 대상은 행동이다. 분류 작업을 통해 특정 반응에 대한 기존의 감정을 이미 파악하고 있는 만큼, 이제는 그러한 감정에 대한 반응부터 전환하면 된다. 행동이 바뀌는 것을 시작으로 연결 고리가 깨어지면 기존 습관은 관성을 벗어나 점차 각각의 생각이나 행동으로 자유를 찾게 된다.

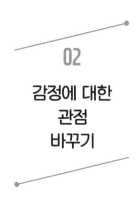

02
감정에 대한
관점
바꾸기

TV를 보면 '신비주의'로 성공한 연예인들의 이야기가 종종 등장한다. 말 그대로 성공적인 데뷔를 위한 일종의 설정이었던 셈인데, 처음부터 모든 것을 다 보여주지 않고 조금씩 노출하면서 보는 이들의 호기심을 자극한다. 대중이 각자 자기만의 상상을 덧붙여가며 계속해서 빠져들게 만드는 것이다.

"이런 감정이 뭔지 나도 잘 모르겠어."
"이런 감정 처음이야."

나에게는 감정이 일종의 신비주의 같은 존재였다. 무언가 알 수 없어서 더 매력적이고 다양한 예술 작품의 소재가 되지 않던가. 나는 내가 더 알려고 하는 것이 불경한 일이라 믿으며 일종의 '감정 숭배자'로 살았다.

그런 면에서 나와는 매우 대조적인 친구 B가 있다. 그녀를 알게 된 지 얼마 안 되었을 때의 일이다. 함께 식사를 하며 이런저런 이야기를 하는데 B가 최근에 겪은 자신의 감정을 또박또박 담담하게 서술하는 것이었다.

가만히 듣고 있으면 한눈에 장면이 떠오르는 구체적이고 생생한 묘사도 포함되어 있었다. 그러면서 그때 자신이 무슨 생각을 했고 기분은 어땠고, 몸의 반응은 어떠했는지 다양한 단어로 하나씩 풀어냈다. 어떻게 스스로를 진정시키고 타일렀으며 정말로 원하는 것이 무엇인지까지 일련의 과정을 쫙 펼쳐 보이는 거였다. 감정이 벅차오르는 것을 억누르지 못해 침을 튀기고 눈물도 찔끔 보이면서 이야기해야 제맛이라 여긴 나에게는 문화충격이었다. 그런 그녀가 하도 신기하여 물어보았다.

"너는 어쩜 그렇게 차분하게 구체적으로 이야기할 수 있니?"
"그래? 난 그냥 내가 느낀 걸 차례로 이야기한 것뿐인데 뭘."

처음에는 그녀가 매우 이성적이기 때문에 가능한 일이라 여겼다. 악간 피곤하고 감정이 메마른 사람이라고도 생각했다. 시간이 가면서 알게 된 B는 매사에 맺고 끊음이 분명한 사람이었다. 불필요한 여지를 남기지 않아 언제든지 대하기가 참 편했다. 눈치 볼 필요 없이 나눌 것은 나누고 더할 것은 더할 줄 아는 산뜻함이 매력이었다. '친하니까 이 정도쯤은 괜찮겠지' 하는 식은 용납하지 않았다. 한눈에 들어오는 명쾌한 모범답안 같았다.

감정이 메말랐다 오해했던 B야말로 뛰어난 '감정사용자'였다. 나와 같은 '감정숭배자'가 순간의 감정에 휘둘려 그것을 전부로 보며 두려워할 때 B는 감정을 감정으로 충실하게 대할 줄 알았다. 현명한 감정사용자에게 감정은 막연한 것이 아니다. 오히려 한눈에 볼 수 있고 또박또박 풀어낼 수 있는 명확한 대상이다. 당신이 만약 예전의 나처럼 감정을 바로 보지 못하고 있다면 반드시 기억하기 바란다. 감정은 사용하는 사람에 따라 얼마든지 다르게 활용될 수 있으며, 현명한 사용자는 감정을 그 자체로 받아들여 하나하나 거침없이 뜯어볼 줄 안다는 것을.

얼마의 시간이 흐른 뒤 신비주의 연예인들의 이야기를 들어보면 '가감 없이 보여주기에는 부족해서', '고급스러운 외모에 비해 저렴해 보이는 말투와 행동' 때문에 어쩔 수 없이 신비주의를 선택할 수밖에 없었다고들 한다. '솔직하게 보여줄 수 있는 지금이 훨씬 편하고 행복하다'는 말도 빼놓지 않는다. 어쩌면 나도 감정에 대해 잘 모르면서 혹시 알고 보면 내 기대보다 별것 없을까봐 신비주의로 남기려 했는지도 모르겠다.

나는 이제 현명한 감정사용자로 살기로 했다. 감정은 언제든 표현하고 들여다 볼 수 있는 대상이며 나에 대한 친절한 해설서가 될 수 있다. 감정에 대한 생각을 조금만 바꾸자 마음속 구름이 걷히고 밝은 햇살이 들기 시작했다. 구석구석 내 마음을 들여다보고 감정의 찌꺼기를 치워내면서 원래의 모습이 드러난다. 또렷하게 보이니 그대로 표현하기도 쉽다. 어디에 무엇이 있으며 어떻게 하면 제자리를 찾을 수 있을지 한눈에 보인다. 10년 동안 방치해 둔 집안 살림을 정리한 기분이다.

잘 정돈된 집에서 산다는 것은 어떤 기분이고, 무엇이 가장 좋을까. 우리 집엔 내다 버리는 것 좋아하는 나와 쓸고 닦으며 즐거워하는 남편이 함께 살고 있기에 이 부분에 대해 누구보다 잘 안다. 말끔하게 정리되고 깨끗한 집에서는 기본적으로 내가 가진 것이 한눈에 보이고 필요한 것을 바로 찾을 수 있다. 주위의 물건이 나를 산만하게 하지 않아 하고 있는 일에 집중하기도 훨씬 쉽다.

감정의 집도 마찬가지다. 일단 한번 잘 치우고 정리해 두면 어디에 무엇이 있는지 알 수 있다. 적절한 때에 필요한 것으로 대응할 수 있는 것이다. 살림 비워내기를 통해 새로운 공간이 생기듯, 마음의 집에도 여유가 생긴다.

마음의 여유가 있는 감정 사용자에게 감정은 무조건 반응해야 할 대상이 아니다. 무의식적으로 상처를 주고받지 않는다. 오히려 순간적인 판단을 유보하고 객관적으로 볼 수 있을 때까지 충분히 기다린 후 대응하는 것이 자연스럽다.

순간적인 반응은 단순한 '자기방어'에 그치는 경우가 대부분이다. 어디선가 갑작스럽게 날아오는 공에 대한 보통 사람들의 반응과도 같다. 자신도 모르게 몸을 움츠리거나 이미 늦었다고 생각되면 온몸에 힘을 주어 맞아내는 것처럼 말이다. 공을 '다루도록' 훈련된 운동선수라면 어떨까. 그들은 갑자기 날아오는 공에도 한 치의 망설임 없이 단번에 잡아서 멈춘다. 공이 날아오는 힘을 역이용하여 통쾌한 강슛이나 스파이크를 날리기도 한다.

일상에서 수시로 날아드는 감정이라는 공도 평소 얼마나 훈련이 되어 있느냐에 따라 그저 반응만 하고 고통을 감수할 수도, 멋지게 막아내고 되받아칠 수도 있다. 당신은 어느 쪽이고 싶은가. 감정이라는 공을 잘 다루고 싶지 않은가. 그렇다면 평소에 미리 훈련하여 제대로 대응할 수 있도록 하면 된다.

감정은 더 이상 알 수 없는 신비한 존재가 아니다. 언제 어디서든 즉시 확인하고 설명할 수 있으며, 사용 후에는 제자리를 찾을 수도 있다. 잘 정돈된 마음의 집은 어디에 무엇이 있는지 알고 불필요한 것을 들이지 않아 여유롭다. 오해가 있었다면 바로잡을 기회다. 감정을 가감 없이 그 자체로 받아들이고 하나하나 구체적으로 이해하는 훈련을 해보자. 각각의 감정은 내 마음에서 편안히 제자리를 찾고 꼭 필요한 때에 적절한 곳에 대응할 수 있게 된다. 이제부터 우리는 현명한 감정사용자로 후회 없이 산다.

03
문제는
감정
습관이다

K씨는 나와 함께 자신의 진짜 모습을 알아보고 일상 속에서 스스로 코칭할 수 있는 방법을 알고 싶어 했다. 나와는 사적인 관계가 없는 분이다. 완전한 타인에게 자신의 이야기를 가감 없이 꺼내놓기를 원하는 경우는 의외로 많다. 아무런 평가나 판단도 없기에 무엇이든 이야기한다. 제3자의 솔직한 조언을 듣고 자발적으로 받아들인다. 처음으로 직접 만나 이야기를 시작하려는데 그가 꺼낸 첫마디는 다음과 같았다.

"저는 무슨 일이든 제 맘에 조금이라도 들지 않으면 일단 화가 나요. 그러지 말아야지 생각하지만 자꾸만 똑같은 상황이 반복되더라고요. 다른 사람들은 안 그러는 것 같은데, 나만 이상한 건가 싶기도 하고요."

많은 이들이 염려하는 것 중 하나는 '나만 이상한가' 하는 부분
이다. 일단 에니어그램을 통해 자신을 객관적으로 알아보는 것부터
시작했다. 결과에 대해 이야기를 나누면서 제일 먼저 놀라고 또 안
도하는 것은 '나만 이런 것이 아니다'라는 사실이다.

우리 각자는 고유한 특성을 가지고 있지만 넓게 보면 기본적으
로 '감정 습관'이라 부르는 몇 가지 유형들이 있다. 자신과 타인과
의 관계에서 반복되는 상황에는 이유가 있었다는 것이다. 종합해
보았을 때 자신의 감정과 다른 이들의 관계에서 어려움을 느끼는
이유는 다음과 같았다.

첫째, 감정에 대한 태도가 명확하지 않다.

감정이라는 것이 무엇이고 자신의 삶에서 어떤 역할을 하는지
알 수 있는 기회가 부족했다. 감정을 어떻게 보고 또 어떻게 대해
야 할지 모른다. 감정을 본능으로만 이해한 탓이다. 감정에 대한
기본적인 이해와 함께 어떻게 처리해야 하는가에 대한 태도만 바
로잡아도 동일한 상황에서 이전보다 한결 수월해지는 것을 경험
한다. 이를 시작으로 자신과 타인의 감정을 제대로 바라보게 된다.

둘째, 자신의 감정에 대한 이해가 부족하다.

감정에 대한 기본적인 이해가 되었다 하더라도 실제 자신의 감정에 적용하기는 쉽지 않다. 분명 머리로는 이해가 가는데 제대로 소화 흡수가 되지 않는다고 느낀다면 좀더 잘게 쪼개어 볼 필요가 있다. 감정은 내시경으로 들여다볼 수도 없고 초음파로 드러나는 형체도 없다. 오직 스스로 생각과 행동까지 함께 끄집어내서 일일이 뜯어보는 과정을 거쳐야 한다. 이 과정은 반드시 얼마간의 시간을 필요로 하고 한 번에 다 드러나지도 않는다.

다행인 것은 처음 한 번이 힘들지 그 다음부터는 언제 어디서나 스스로 쉽게 들여다 볼 수 있다는 점이다. 일단 자신의 감정에 대해 충분히 이해하고 나면 자신과 타인의 반응에 대한 해석이 자연스럽고 편안해진다. 오해의 위험도 대폭 줄어든다.

셋째, 감정이 습관이 될 수 있다는 것을 알지 못한다.

아침에 눈을 뜨자마자 생수 한잔을 들이키는 습관, 운전 중 음악을 듣는 습관처럼 감정 또한 반복하여 습관이 된다. 무의식중에 반응하는 말과 행동, 특정한 사람을 만나면 느껴지는 기분 등 이제는 습관이 되어 내가 알아차리기도 전에 반복한다. 대부분 이것이 '습관'이라는 것을 알지 못하기에 기존대로 반응하는 것이 당연하다

여긴다. 그중에는 긍정적으로 형성된 감정 습관도 있지만 문제는 부정적인 상황이 반복되는 경우다.

부정적인 상황이 반복되면 '나는 감정 조절을 잘 못한다'고 자책하며 위축되는 경우가 많다. 알고 보면 감정에 대한 일부의 처리 방식, 표현 등이 문제가 되는 경우가 대부분이다. 이를 아는 것만으로도 부정적인 감정 습관을 걸러낼 수 있는 기회가 생긴다.

넷째, 나의 감정 습관을 상대방의 문제로 미룬다.

평소 나는 그렇지 않은데, 특정 인물과의 관계에서만 문제가 발생한다고 여긴다. 자기 자신보다 상대방의 부족한 면에 이유를 대지만 알고 보면 나에게 원인이 있는 경우가 많다. 다른 이에게는 전혀 하지 않는 기대나 소망을 특정인에게만 투영하여 처음부터 다른 기준을 적용한다. 기대만큼 돌아오지 않는 반응으로 상대에게 실망하고 비난한다. 관계 속에서 나타나는 감정 습관을 하나씩 확인하면 풀리지 않던 관계의 실마리도 찾게 된다.

다섯째, 감정 습관을 바로잡을 수 있음을 믿지 않는다.

많은 경우 감정에 문제가 있다는 것까지는 수긍을 하지만 감정 습관의 존재나 이를 개선할 수 있다는 가능성에 대해서는 받아들이지 못하는 경우가 있다. 감정은 본능과 같이 타고나는 건데 어떻게 내가 그것을 조절할 수 있느냐고 반문하기도 한다. 때로는 명상 등으로 오랜 시간에 걸친 내적 수양을 해야 가능하다고도 한다.

언뜻 일리 있는 말이지만 너무나 막연하고 어려워 보여 기존의 익숙한 불행에서 벗어나지 못하게 한다. 감정 습관 바로잡기는 아주 단순한 반응이나 표현 방법부터 시작할 수 있다. 감정 습관의 구조에 따라 조금씩 새로운 습관으로 대체해가면 된다.

'블랙박스(Black Box)'에는 두 가지 의미가 있다. 하나는 그 기능에 대해서는 알지만 내부에서 어떤 구조와 논리를 거치는지 알 수 없을 때를 일컫는다. 다른 하나는 차량용 블랙박스처럼 자동으로 기록해주는 장치의 의미다. 감정은 이 두 가지 의미를 모두 포함하는 블랙박스라 할 수 있다. 제대로 알기 전까지는 그 속을 알 수 없는 궁금하고 어려운 대상이다. 그러나 내 자신의 마음이나 관계에 문제가 있다고 느꼈을 때 나의 모든 경험이 저장된 감정의 블랙박스를 들여다보면 당시에 알지 못했던 것들이 한눈에 보인다. 우발적인지 의도적인지 어느 쪽의 실수인지가 한눈에 보이는 것이다.

감정을 들여다보는 일이 가능해지면 그 안에서 나도 몰랐던 감정의 습관이 있음을 알게 된다. 미처 의식하지 못할 만큼 감정에 즉각적으로 반응하다보니 당연하게 여기며 습관이라는 것을 알지 못했다. 감정, 생각, 행동을 차례로 뜯어보면서 생각과 행동에 연결된 감정이 습관으로 자리 잡아 나에게 지속적으로 영향을 끼치고 있음을 발견하게 된다.

문제는 감정 습관이었다. 문제가 있는 곳에는 답도 있기 마련이다. 감정 습관에 대해 제대로 이해하고 들여다볼 때 그 안에서 우리의 마음과 관계의 새로운 힌트를 얻게 된다.

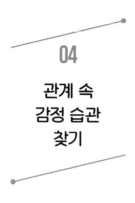

04
관계 속
감정 습관
찾기

최근 들어 '데이트 폭력', '가정 폭력' 사건이 연일 보도 된다. 얼마 전 서울 한복판에서 만취한 남성이 1년 넘게 사귀던 여자 친구를 무차별 폭행한 사건이 발생했다. 치아가 5개나 부러진 당시 모습은 CCTV에 고스란히 녹화되어 많은 이들의 공분을 샀다. 한편 25년 간 남편의 폭행에 시달린 아내가 우울증을 앓다가 남편을 살해한 일도 있다. 가장 가깝다고 생각한 관계에서 처참한 결말을 맞이한 것이다.

놀라운 것은 이러한 폭력이 처음이 아니었음에도 1년, 25년간 관계를 지속해왔다는 것이다. 경찰에 따르면 워낙 사적인 관계에서 발생하는 경우가 많다 보니 이처럼 신고가 되는 것은 극히 드문 일이라고 한다. 지금 이 시간에도 우리가 알지 못하는 곳에서 더 많은 일들이 발생하고 있는 것이다.

가장 가까운 이들과의 관계가 제일 어렵다고들 한다. 부부 사이, 부모 자식 간에 제대로 감정을 표현하고 수용하기가 의외로 가장 힘들다. '다른 이들과는 이런 적이 없다'고도 덧붙인다. 유독 그 관계에서만 어려움을 느낀다.

멀고 형식적인 관계에서는 애초에 상대방과 자신에 대한 감정적 기대가 적다. 기대한 바가 없으니 나의 표현이나 상대방의 반응에 별다른 의미를 부여하지 않고 그 자체로 주고받을 수 있다. 오히려 어떤 이야기든지 쉽게 할 수 있을 것 같은 느낌도 이 때문이다. 가까울수록 기대도 높아지고 상대방의 반응에 나의 해석과 의미를 부여하기 쉽다. 더 큰 만족도 있겠지만 더 쉽게 상처받는 것도 당연한 일이다.

몇 년 전의 일이다. 친구 A를 통해 알게 된 B는 A의 고향 친구다. 둘은 고향에 있을 때보다 B가 최근에 서울에 올라오면서 급속히 친해졌다고 했다. 이직 준비로 바빴다며 몇 달 만에 만난 A를 통해 B에 대한 이야기를 들을 수 있었다.

"내가 몇 번 얘기했던 B 알지? 나 이제 B랑 연락 끊기로 했어."

"그래? 무슨 일 있었어?"

"B랑 같이 있으면 자꾸만 모든 일이 꼬이는 느낌이야."

자초지종을 듣고 보니 A와 B는 친하다고 하면서도 실은 묘한 관계였다. A가 새로운 사람을 만나거나 더 나은 조건의 일을 하려고 하면 B는 여지없이 상대방이나 회사를 깎아내리곤 했다. 새로 사귄 남자친구를 보고는 '저런 얼굴은 백 퍼센트 바람피운다'고 하더란다. 그 뒤로 A는 남자친구를 만날 때마다 정말 바람을 피우는 건 아닌지 작은 행동 하나에도 예민해졌다고 했다. 이직을 위해 준비를 하자 '연봉이 높은 곳은 아무나 갈 수 있는 게 아니다. 다니던 데나 잘 다녀라'라고 했다. 그 이야기를 듣고 나니 또 '그런 데서 나를 뽑아주겠어?' 하며 자신도 모르게 위축되었다.

그러다가 얼마 전 A는 B의 남자친구가 B에게 계속해서 사업자금을 이유로 돈을 요구하는 것을 알게 되었다. 어차피 결혼할 사이니 나중에 몇 배로 갚아주겠다고 했다는 것이다. B에게 그 남자와 만나지 않는 것이 좋겠다고 조심스레 이야기했다가 '내 남자친구가 잘나가는 사업가라 질투하냐'며 욕만 먹었다고 한다. 그러면서 A에게 '너는 얼굴이 별로라 돈 많은 남자를 만나기 힘들 것'이라고까지 했다.

A는 그제야 정신이 번쩍 들었다. 고향 친구로 가깝다고 믿었던 B가 실은 자신을 진정한 친구로 여기지 않았던 것이다. A가 방황하고 힘들어하면 B는 한편이 되어 주었지만 A에게 조금이라도 좋은 일이 생기면 즉시 달려들어 깎아내리기에 바빴다. A가 자기 비하에 빠지면 그 옆에서 우월감을 느끼며 친구 놀이를 즐긴 듯했다. A는 B와의 관계에서만 그런 일이 생긴다고 했다.

특정 관계에서만 나타나는 감정 습관이 자리를 잡은 것이다. 나보다 잘되는 친구가 사실은 부럽지만 인정하는 대신 부정적인 암시를 주며 파괴하고 싶어진다. 자신이 친구보다 우월하다는 확인을 받을 때에만 상대의 존재를 인정하는 것이다. 나에게 부정적인 암시를 주는 관계라면 그 안에서만 반복된 감정 습관의 존재를 빠르게 알아채는 것이 가장 중요하다.

관계마다 특정한 습관이 있다. 그 관계에서만 나타나는 감정의 패턴이다. 만나고 나서 집으로 돌아올 때 왠지 더 뿌듯하고 내 자신이 더 크게 느껴지는 이가 있다. 만나고 나면 유독 피곤하고 시간이 아깝게 느껴지는 이도 있다. 한마디로 기가 빠지는 느낌이다. 문제는 딱히 '뭐라 설명할 수 없는' 경우가 대부분이라는 것이다. 그런 관계를 잘 들여다보면 본인은 미처 알지 못했던 부정적인 감정 습관이 보인다.

내 경우 유독 힘이 빠지는 만남을 곰곰이 돌아보니 상대방이 조언이라고 하는 이야기들이 모두 내가 하려는 것에 대한 반대나 불안감을 조성하는 경우였다. 그래놓고 마지막에 하는 말은 '그래 한번 해봐. 누가 말리겠니. 직접 당해봐야 알지'와 같은 식이다. 이런 만남은 집에 와서도 한동안 나를 괴롭혔다. 뭔가 꺼림칙한 기분, 안좋은 일이 생길 것만 같은 느낌이 자꾸 드는 것이다.

지난 2013년 일본에서는 한 중학생 소년이 상대방의 부정적인 말들을 이기지 못하고 자살한 사건이 있었다. 중학교 3학년인 딸의 남자친구를 탐탁치 않게 여긴 엄마는 상대 남자친구와 강제로 헤어지게 했다. 그리고는 며칠 후 상대 남학생에게 '너 같은 애가 우리 딸과 사귀려는 건 큰 착각'이라거나 '등신 같은 놈' 등의 모욕적인 내용의 이메일을 보냈다. 이 이메일을 받은 소년은 당일 투신 자살했다. 한 사람의 이메일이 관계를 막는 것으로 그치지 않고 상대방의 목숨을 끊는 지경까지 내몰고 만 것이다.

자신을 있는 그대로 수용하는 내면의 힘이 부족한 상태에서는 상대방의 말과 행동에 따라 좌우되는 경우가 많다. 상대방으로 인해 자존감이 올라가는 경우는 거의 없고, 대부분은 자존감 상실로 이어진다. 자존감이 떨어진 사람은 자신이 부정적인 암시와 영향을 받았다는 것을 알지 못한 채 오히려 그렇게 만든 상대방에게 의존하거나 굴복하기 쉽다.

내면의 힘이 더 약해지기 전에 우리는 반드시 자신을 둘러싼 관계를 점검해 볼 필요가 있다. 그 가운데에는 나를 돕는 긍정적인 관계도 있을 것이고 분명 나를 불편하거나 힘들게 하는 관계도 있다.

관계마다 특정한 감정 습관을 가지고 있기 마련이다. 당사자인 우리는 그것을 발견하지 못하고 지나치는 경우가 대부분이다. 그냥 '기분 탓이려니' 하거나 '그럴 리 없다'고 단정하기도 한다. 하나씩 잘 들여다보면 각각의 패턴과 감정 습관을 가지고 있고 그에 따라 여러 가지 영향이 있음을 알게 된다.

막연히 두렵거나 지금 알고 지내는 사람에게 실망할까봐 등의 이유로 회피하는 것은 장래를 생각할 때 결코 바람직한 일이 아니다. 의외로 작은 습관 하나만 바로잡아도 쉽게 개선되는 관계도 있기 마련이다. 서로 그러한 것을 몰랐거나 귀찮아서 한두 번 넘긴 것이 습관이 된 경우도 많기 때문이다. 작은 노력으로 기존의 관계를 더 편안한 감정으로 유지하고 발전시킬 수 있다면 얼마나 귀한 수확인가. 더 이상 두려워하지 말고 나를 둘러싼 관계 속에 잠재한 감정 습관을 찾아보자. 그 자체로도 나의 내면에는 나와 관계를 제대로 볼 수 있는 힘이 생긴다. 그 힘은 분명 앞으로 내가 성장하는 데 든든한 밑거름이 된다.

05

내 안의
불안감
받아들이기

오늘도 어김없이 돌아온 출근 시간이다.

'비가 올 확률이 60%면 우산을 챙겨야 하는 건가? 혹시 모르니 챙기는 게 낫겠지? 에어컨 바람 때문에 추울 수도 있으니 겉옷도 하나 가져가보자. 메이크업 제품은 통째로 챙기는 게 마음 편해.'

이 뒤로도 한참을 추가한 출근 가방은 순식간에 여행 가방이 되었다. 이것은 시작에 불과했다. 하루 종일 회사에서 일어날 수 있는 모든 상황들, 집에 돌아와서 해야 할 일들, 하다못해 오늘 저녁을 집에서 먹을 수 있을지, 자기 전까지 읽기로 계획한 책을 다 읽을 수 있을지 하나하나 떠올릴 때마다 불안감이 엄습했다. 매번 강도의 차이는 있지만 불안감은 어쨌든 마음이 편하지 않은 모든 느낌을 포함한다. 어딘지 모르게 조마조마하고 긴장이 느껴지는 상태라고도 하겠다.

회사 업무와 같이 공적인 일을 하면서 적절한 긴장감을 갖는 것은 어떤 의미로는 건강한 스트레스이다. 문제는 이러한 불안감이 하루 종일, 사적인 영역에까지 깊숙하게 파고들어 모든 순간을 조마조마하게 만드는 것이다. 애써 노력했건만 인터넷 뉴스에서 흉흉한 사고 소식을 보고 말았다. 혼자 집에 있는 밤이면 몇 번이고 불을 껐다 켰다 하며 문은 제대로 잠겼는지 모든 물건이 제자리에 있는지를 확인하고서야 잠이 들었다.

어느 순간 하루 종일 온몸이 딱딱하게 굳어있는 자신을 발견했다. 몸에 힘을 줄 때가 있고 뺄 때가 있는 법인데 나도 모르게 어깨와 목에 잔뜩 힘을 주고 있다. 온몸이 뭉치고 아파 전신 마사지를 받으러 갔더니 원장님이 '마사지 받으면서까지 이렇게 힘을 주고 있는 분은 처음'이라며 한 시간 동안 수십 번이나 '힘 좀 빼세요'라고 할 정도였다. 억울하게도 나는 그때 나름 온몸의 힘을 완전히 빼고 있었고, 심지어 힘을 빼기 위해 엄청나게 노력하느라 진땀이 날 지경이었다.

모든 것이 불안감 때문이라는 걸 깨닫기 전까지 나는 그저 준비성이 철저한 사람으로만 여겼다. '요즘 세상에는 다들 나같이 살겠거니' 하고 대수롭지 않게 넘긴 것이다.

진짜 나를 찾아가는 여행을 하면서 완벽을 위해 내 안의 부족함에만 집중하고 비교하는 내 감정 습관이 끊임없는 긴장과 불안을 만들고 있는 것을 알게 되었다. 자기 방어로 계획과 준비, 관리에 집착하는 나도 만날 수 있었다. 나에 대한 기대 수준을 다른 이에게도 동일하게 적용하면서 상대방을 비판했다. 가족, 회사 동료, 친구들이 나와 같이 모든 만약의 상황을 대비하도록 알게 모르게 강요했다. 내 기대만큼 되지 않으면 조언이라는 명목으로 은근히 실망을 표현했던 것이다.

얼마 전 나와 함께 '나를 찾는 여행'을 떠난 P씨는 꼭 예전의 나를 보는 것 같았다. 그래서 누구보다 그가 진정한 자신의 모습을 회복할 수 있도록 돕고 싶었다. P씨의 고민은 앞서 나와 같은 불안감에 원인이 있었다. P씨는 본인의 비판이 상대방에겐 상처가 되는 일이 반복되면서 다른 이들과의 관계가 갈수록 어려워졌다고 했다. 만나면 비판당하고 잔소리 들을 게 뻔한 사람을 누가 만나고 싶어 하겠는가. 본인도 머리로는 이해가 되지만 막상 비슷한 상황이 닥치면 자기도 모르게 똑같이 반응하게 된다고 했다. 다른 이들과 멀어지면서 갈수록 혼자가 되었다. 내가 힘들 때 도움을 요청할 사람이 없다는 생각에 또다시 불안해하며 모든 것을 혼자 준비하는 악

순환을 겪었다.

내가 나의 모습을 찾고자 노력한 시간 동안 많은 책들과 강연, 강의, 워크샵 등을 통해 처음 깨달은 것은 행복한 사람들은 나처럼 불안해하지 않는다는 사실이다. 요즘처럼 사건 사고가 넘쳐나는 시대에도 불안 대신 평안과 행복을 선택하며 사는 사람들이 있었다. 자기 자신과 주위 사람들을 신뢰하며 더 좋은 일들이 일어난다는 믿음으로 하루하루를 사는 사람들이다.

내 자신의 불안에 갇혀 있을 때는 보이지 않던 이들이다. 성자에 가까운 이들만 가능하다고 믿었던 평안과 행복이 평범한 누군가에게도 자연스러운 일이었다. 그런 이들과 만나고 나를 알아가는 깨달음이 쌓이면서 나 또한 자연스럽게 몸에 힘이 빠지고 걱정 없이 잠드는 날이 늘어나게 되었다. 그렇게 몇 년이 흐르자 감사하게도 이제는 예전의 나와 같은 이들의 이야기를 듣고 그들의 '나를 찾는 여행'에 함께할 수 있는 코치가 된 것이다.

불안감은 미리 준비하고 만약의 경우에 대비한다고 해소되지 않는다. 그럴수록 더욱 부족한 부분만 보이고 그것을 메우기 위한 또 다른 준비만 더할 뿐이다. 부족함에 집중하는 왜곡된 관점이 만들어낸 감정에 불과하다.

단적인 예로 교통 신호를 지키고, 수영 금지 구역에 들어가지 않는 것은 안전을 위한 기본적인 규칙이다. 문제는 이러한 것들을 두려움으로 키워서 불안해하는 것이다. 차 사고가 날까봐 운전 자체를 피하거나, 물에 들어가기도 전에 빠져 죽을 것 같다고 한다. 각종 안전 도구를 챙기고 부상에 대비한 매뉴얼만 반복해서 연습한다. '슬픈 예감은 틀린 적이 없다'는 노래 가사처럼 두려워하던 그 일은 기가 막히게도 비슷한 모습으로 나타나고야 만다.

정작 해야 할 일은 가까운 곳부터 운전 경험을 쌓고, 깊이가 정확한 수영장에서 수영을 배우는 것이 아닐까. 관점을 바꾸고 약간의 훈련 과정만 거치면 두려움 대신 편안하게 즐길 수도 있음에도. 또 한 번의 기회가 불안감에 밀려난다.

불안감도 일종의 감정 습관이다. 처음엔 불안한 마음에 대비해 보겠노라 시작했지만, 갈수록 그 자체가 습관이 된다. 준비를 위한 준비라는 관성이 붙는다. 관성이 붙은 오래된 습관을 바꾸는 것은 또 다른 불안감을 부른다. 과연 바꾸는 것이 맞는지 의심스럽고 갑자기 바뀌면 더 안 좋은 일이 생기는 것은 아닌가 하고 말이다.

불안하다면 무언가 변화가 생기려는 조짐 정도로만 받아들이면 된다. 내가 알지 못하는 새로운 것이 있기에 불안하기도 한 것이다. 아직 아무것도 일어나지 않았다. 물을 바라보며 '빠질 것 같아' 하면 진짜 발을 헛디뎌 미끄러지듯, 미리 겁먹고 부정적인 상황으로 나를 몰아넣을 필요는 전혀 없다.

기억해야 할 것은 지금 나의 '불안감'을 누군가는 '설렘과 기대'로 표현한다는 것이다. 자신의 관점이 어디를 향하고 있는가, 이제까지의 감정 습관으로 어느 쪽이 익숙한가의 차이일 뿐이다. 누군가는 매사에 걱정과 근심으로 불안해하다 한 발짝도 떼지 못하지만, 다른 누군가는 설렘과 기대를 안고서 한 걸음을 내딛는다. 단 한 걸음의 차이다. 처음 한 걸음이 가장 두렵고 생각이 많다. 일단 한 걸음 내딛고 나면 다음 걸음은 따라오게 되어 있다. 언제까지 한쪽 발만 딛고 서 있을 수 있던가. 오른발 왼발 계속 나아가게 된다. 두근거림은 줄어들고 의식하지 않아도 한걸음씩 나아간다. 이제 더 이상 눈앞의 한걸음만을 바라보지 않는다. 눈을 들면 저 멀리 넓은 하늘과 아름다운 풍경이 끝없이 펼쳐져 있다.

불안감을 있는 그대로 받아들이는 순간 그것은 설렘과 기대로 이름표를 바꾸어 달 것이다. 거기서 단 한 걸음만 나아가면 이제 그 이름은 '도전'이 된다. 지금 불안하다면, 감정 습관의 이름표부터 슬쩍 바꿔 달아보면 어떨까.

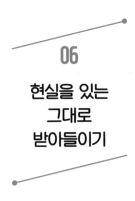

06
현실을 있는
그대로
받아들이기

환상적인 소설의 세계에 빠져본 적이 있는가? 어릴 때부터 책을 좋아하던 나에게 소설은 아무도 몰래 숨겨둔 나만의 세상이었다. 어디가 되었든 한 권을 다 읽지 않으면 그 자리를 떠난 적이 없다. 화장실 가고 싶은 생각도 들지 않았다. 단숨에 마지막 장까지 덮고 나서야 아쉬움에 입맛을 다시며 처음으로 눈을 들 정도였다.

성인이 되어서도 소설은 비상구와 같았다. 답답하고 복잡한 현실에서 나만 홀로 빠져나갈 수 있다. 언제 어디서든 도망칠 수 있는 탈출구이면서 누구도 방해할 수 없는 해방구다. 거의 일 년 동안 매일 한시바삐 퇴근해 방에 틀어박혀 밤새도록 소설을 읽은 때도 있었다. 저녁 7시부터 새벽 3시까지 하루 8시간 동안 매일 두세 권의 소설을 사흘 굶은 사람처럼 허겁지겁 읽었다. 아침이 되어도 어제의 망상 속에 떠다니며 하루를 보냈다.

소설을 얼마나 좋아하면 그랬을까 싶은가? 기본적으로 좋아하지 않고서는 절대 일 년 동안 하루 7~8시간을 투자할 수는 없다. 이제 와서 고백하건대 절반 이상은 당시의 삶에 대한 회의, 기대할 것 없는 내일에 대한 절망 때문이었다. 몸과 마음이 지쳐있는 게 분명한데, 꿈을 잃고 방황하고 있는 것이 확실한데도 그런 현실을 받아들이고 싶지 않았다. 원치 않는 현실에 실망할 바엔 완벽한 결말이 있는 소설을 택한 것이다.

에니어그램상 1번 유형에 해당하는 나는 기본적으로 '완벽함'에 대한 일종의 강박이 있다. 모든 것이 완전히 내 뜻대로 되지 않을 때 건강하지 못한 모습이 나타나기 쉽다. 끝없이 비판하고 자기비하하다가 다른 유형에 비해 극단적으로 좌절하는 것이 대표적인 특성이다. 보조적으로는 9번 유형의 날개를 사용하고 있어, 한편으로는 상황에서 완전히 벗어나 한없이 늘어지고 방관하며 무기력해지는 부분도 있다.

소설 속에 빠져 있을 때가 바로 나의 건강하지 못한 모습이 총체적으로 나타났을 때였다. 완벽하고 높은 기준을 추구하지만 뜻대로 다다르지 못하자 이번엔 현실을 부정하며 도망쳐 꼼짝 않고 책을 읽는 것으로 나타난 것이다.

책 속으로 도피하는 것이 편한 이유는 주위의 눈길을 끌 확률이 낮기 때문이다. 밤새 도박을 하거나 온라인 게임에 빠져 있으면 누가 봐도 '건강하지 못하다'는 것을 알 수 있다. 책은 다르다. 웬만해서는 '책을 참 좋아하나보다' 정도로 넘어간다. 그래서 책이 더 위험하기도 하다.

영화 '인셉션'을 보면 한 무리의 사람들이 날마다 허름한 곳에 모여 약물을 투여하며 잠에 빠져 꿈을 꾸는 장면이 나온다. 주인공이 '이들은 꿈을 꾸기 위해 이곳에 오는 것이냐'고 묻자, 그곳의 운영자는 고개를 젓는다. '꿈에서 깨기 위해 오는 것'이라고 한다. 그들에게 이미 현실은 깨고 싶은 악몽이 되었기 때문이다. 현실을 받아들이지 못하고 자신이 만든 꿈속 세상을 진짜라 믿고 도망하는 것이다.

우리는 분명 현실에서 살고 있다. 그럼에도 현실을 받아들이는 것이 왜 그리도 힘이 들까. 현실을 받아들인다는 것은 지금 모든 것이 내 뜻대로 되지 않음을 인정해야 하기 때문이다. 내가 기대하는 모습이 있는데 그것이 지금의 나와 멀다는 것을 인정하고 싶지 않아서다. 그대로 인정해 버리면 현재 나의 부족함, 나의 무력함을 인정하는 것과 마찬가지 아니겠는가. 나의 기대에 즉시 도달할 방법이 보이지 않으니 애초에 이런 현실이 진짜가 아니라며, 먹을 수 없는 '신포도'로 만들어 버리고 외면한다.

　여자에게 임신과 출산은 인생에서 가장 드라마틱한 순간 중 하나다. '드라마틱하다'는 것은 말 그대로 현실감을 찾기 어려울 정도로 받아들이기 쉽지 않다는 뜻이기도 하다.

　임신 16주쯤 지났을 때, 점심 식사를 하러 먼저 내려간 동료들을 따라가려는데 아래쪽에서 뭔가 새어나오는 느낌이 들었다. 화장실 변기에 앉자 '펑' 하고 피가 터져 나왔다. 출산을 두 달 앞두고 '전치태반' 판정을 받았다. 38주 1일 대학병원에서의 제왕절개, 이정도면 수월한 케이스라는 담당 의사의 목소리와 함께 전신마취에 들어갔다.

　눈을 뜬 건 아기가 태어난 지 3시간 후쯤이었다. 몸이 침대 아래로 꺼져 들어만 간다. 그냥 이대로 계속 자고 싶다. 그런데 모두들 눈을 뜨라고 한다. 자면 안 된다고 다급하게 소리친다. 지혈이 되지 않아 전체 혈액 중 40% 정도가 빠져나갔고 풍선 카테타 시술로 지혈 중이라고 한다. 양손과 발, 하복부에 총 8개의 줄이 주렁주렁 매달려 있다.

　다음 날까지도 출혈이 계속되자 입원실 침대에서 그대로 추가 시술을 했고, 수축하려는 자궁과 지혈을 위해 끝까지 부풀어 오른

풍선이 서로 압박하며 통증은 이어졌다. 의식을 추스르기 힘들 만큼 떨어진 체력, 수시로 찾아오는 어지럼증과 원인 모를 발진, 제대로 서 있기도 힘든 빈혈, 전신마취와 수혈 후유증까지. 행복한 임신 기간 끝에 찾아온 꿈에도 몰랐던 드라마틱한 현실이었다.

과거의 건강하지 못한 내 감정 습관이 드러나기 딱 좋은 상황이다. '이제 나는 끝났다'며 자기 비하와 신세 한탄만 하고 있었다면? 내가 말한 딱 그대로 다 끝나버리고 말았을 것이다. '이게 다 저 남자와 결혼한 탓'이라며 남편을 원망한다면? 아무것도 모르고 공격당한 남편과의 관계는 얼마나 힘들어질 것인가.

과거의 감정 습관을 되풀이하고 싶지 않다면 일단은 고통스럽더라도 눈을 크게 뜨고 거울 속 내 모습을 똑바로 바라보아야 한다. 거기서부터 시작이다. 현실을 받아들이는 것은 결국 남이 아닌 눈앞에 마주 보이는 나를 기준으로 생각하고 느끼고 행동하겠다는 뜻도 된다.

나에게 눈을 돌리자 아주 고통스러울 것이라는 예상과 달리 의외로 내가 이미 가지고 있는 것들이 하나씩 보이기 시작했다. 상상 속의 나는 없는 것, 부족한 것 투성이였지만, 현실의 나는 달랐다. 차분히 앉아 지금의 내 상황을 하나씩 적어가면서 머릿속을 가득 채운 망상을 떠나보내기 시작했다. 있는 그대로의 현실을 받아들이게 된 것이나. 망상이 떠난 자리에는 내가 이미 가진 것들에 대한 감사가 채워졌다. 현실을 받아들이자 비로소 감사할 수 있었다.

현실을 받아들이고 나면 지금의 조건에서 할 수 있는 것을 찾게 된다. 나와 다른 이들에 대한 근거 없는 기대를 낮추고 완벽하지 않음을 비난하지 않는 것이다. 완벽을 기대하면 실수는 곧 실패와 실망이 된다. 실수를 실수로 보지 못하고 노력과 성의가 부족한 것, 혹은 나에 대한 다른 의도가 있는 것으로 의심할 수도 있다. 내가 원하는 대로 끼워 맞추거나 바꾸기를 강요하며 서로를 힘들게 한다.

나와 다른 이들이 완벽하지 않음을 있는 그대로 받아들일 때 실수를 실수로 인정할 수 있다. 인정해야 원인을 찾고, 원인을 알아야 해결책도 찾는다. 실수가 값진 경험이 되는 순간이다. 경험에는 실패도 실망도 없다.

감정 습관을 바꾸고 싶다면 지금 그 자리에서 현실과 마주하는 것으로 시작해보자. 변화를 원한다면 현실을 제대로 보고 받아들여야 한다. 지금의 현실을 하나하나 적어 내려가 보자. 의외로 생각보다 나쁘지 않다는 것을 알게 될 것이다. 그렇게 차근차근 들여다보고 나면 미처 알지 못했던 감사의 제목들이 나타난다. 자신의 내면에 예상 외로 큰 힘이 있음도 발견하게 된다.

현실을 있는 그대로 받아들이면 더 이상 아무것도 비교하거나 비판할 필요가 없다. 그저 나에게 집중하여 지금의 조건에서 할 수 있는 것부터 시작하면 된다. 오래된 감정 습관에 끌려가기 전 단 한 번만 예전과 다른 결정을 하는 것으로 결과는 완전히 달라진다. 일단 시작만 하면 머지않아 '이렇게까지 달라질 수 있을까?' 싶은 성취감을 맛보게 되리라 확신한다. 오래되고 힘든 감정 습관을 바꾸고 싶은가? 지금 이 자리에서 과거와 다른 선택을 하자.

07
지나간
과거와
작별하라

과거는 인생이라는 물 한 컵에 떨어뜨린 잉크 한 방울과도 같다. 이미 일어난 일이고 되돌릴 수도 없다. 때로는 단 한 방울이 컵 전체를 물들일 만큼 강력하다. 그렇다고 인생의 컵을 뒤엎거나 물을 모두 버릴 수도 없다. 좋든 싫든 우리는 각자의 컵에 한 방울의 잉크를 품고 간다.

나에게도 잊을 수 없는 강력한 '잉크 한 방울'의 기억이 있다. 초등학교 1학년 겨울 방학, 외가에서 일주일 정도 지낸 적이 있다. 집 앞 개울은 얼음판이 되었고 6학년인 사촌 오빠가 친구들과 놀고 있었다. 나도 끼워 달라고 외치며 얼음판 위를 걸어갔다. 오빠는 다급히 다른 쪽으로 돌아서 오라고 했지만 뭐가 뭔지 모르는 나는 그냥 갔다. 걸을 때마다 다리 하나씩 푹푹 꺼져 들어갔다. 살얼음판이었던 것이다. 신발이 벗겨졌고, 살이 아프도록 차가운 물의 느낌과 함께 죽을 것 같은 공포를 느꼈다.

이후로 어디든 차가운 물에 들어가기만 해도 온몸에 힘이 들어가고 숨 쉬기가 힘들었다. 특히 머리를 물속에 넣는 것은 소름끼치게 싫었다. 수영을 못하는 건 당연했다.

지나간 과거가 나를 붙들고 있으면 앞으로 나아가기 힘들다. 새로운 방향으로 가고 싶지만 벗어나고 싶어도, 쿨하게 작별을 고하고 싶어도 뜻대로 되지 않는다. 자꾸만 나를 붙드는 과거에는 대개 다음과 같은 종류가 있다.

첫째, 과거의 트라우마다.

외상 후 스트레스라고도 부른다. 내가 추운 겨울 물에 빠져 물의 촉감 자체부터 소름끼치도록 싫어하게 한 부정적인 경험이다. 트라우마는 단번에 극복하기가 어렵다. 내 경우 믿을 수 있는 전문가와 일대일로 수영을 배우면서 점차 물의 촉감에 익숙해지고 더 이상 물에 빠지지 않는다는 안심이 들었다. 나를 진정으로 이해하는 코치를 만났기에 물에 대한 공포를 잊고 비로소 머리를 넣고 물에 뜰 수 있었다. 비교적 오랜 시간이 흘러 마음이 보다 단단해졌을 때 예측 가능한 비슷한 상황에 반복하여 직면하면서 차츰 익숙해진 경우라 할 수 있다.

둘째, 가까운 이들으로부터 받은 상처다.

어린 시절 부모님, 형제, 친척 등 가족으로부터 시작해서 학교와 직장 동료, 친구 등 가까운 이들로부터 비롯된 상처들이다. 성숙하지 못한 상대에 의해서 부정적인 영향을 받는가 하면, 나의 미성숙으로 인한 오해와 갈등도 있다.

일부는 시간이 지나고 나서 제대로 이해되는 부분도 있다. 과거에 나를 미워한다고 생각했던 부모님의 말씀이 내가 부모가 되고 나서 십분 이해가 된다. 당시에 친하다고 믿었던 친구의 이야기가 이제 와서 보니 나를 위험에 빠뜨릴 뻔한 적도 있다.

상처도 공개하면 더 이상 상처가 아니다. 나를 성장시킨 경험이 된다. 당시에는 가까운 이들인만큼 힘들고 조심스러워 꺼낼 수 없던 이야기였지만 풀어놓고 나니 지금의 나를 키운 밑거름이 되었다. 내 안에 그대로 가지고 있었으면 상처로 남았을 일들을 공개하고 충분히 이야기하자 든든한 마음의 뿌리가 자리 잡는 느낌이다.

셋째, 지나간 인간관계에 대한 후회다.

성숙하지 못한 때 서로에게 상처만 주고 끝난 관계는 후회로 남기 마련이다. 제대로 표현하지 못해 오해를 불러온 나의 말과 행동은 되돌리기엔 늦었다. 작은 오해는 더 큰 갈등을 만들고 상처를 주면서 문제의 본질을 흐린다. 지나고 나니 별것 아닌 일이었고, 소모적인 논쟁이었다. 한 치 앞도 내다보지 못하고 당장의 반응에만 매달렸던 것이다.

다시 만나면 잘할 수 있는데, 혹은 만나서 오해라도 풀고 싶은데 그런 기회는 좀처럼 오지 않는다. 애초에 잘했어야 한다는 자책과 후회가 반복되면서 다가올 관계에 대한 두려움을 낳는다. 과거의 관계가 새로운 기회를 막아버리는 셈이다.

두렵더라도 일단은 기회를 받아들이는 것이 시작이다. 지난 관계의 사람을 다시 만나는 것이 아닌, 새로운 관계가 두 번째 기회인 셈이다. 상대방은 나의 과거를 모른다. 내가 어떤 말과 행동을 하더라도 상대에게는 모두 처음이다. 내가 괜한 자격지심에 시달리면서 부정적인 말과 행동을 하면 상대방은 그러한 반응만을 받아들이게 된다. 또다시 부정적인 관계의 시작이다. 비슷한 관계를 되풀이하는 원인이 여기에 있다.

지금부터 다시 시작하면 된다. 실수하더라도 과거의 나와 그때의 상대방을 떠올릴 필요는 없다. 지금의 관계에서는 나 또한 처음이다. 오직 참고해야 할 것은 적절한 감정을 표현하고 나의 반응을 제대로 조질하는 등 이전 경험으로 얻은 교훈뿐이다.

넷째, 이루지 못한 것, 하지 못했던 것에 대한 아쉬움이다.

내가 좋아하는 로버트 프로스트의 시 '가지 않은 길'은 다음과 같이 시작한다.

단풍 든 숲 속에 두 갈래 길이 있었습니다

몸이 하나니 두 길을 가지 못하는 것을

안타까워하며, 한참을 서서

낮은 수풀로 꺾여 내려가는 한쪽 길을

멀리 끝까지 바라다보았습니다

시인도 분명 가지 않은 길을 안타까워했다. 누구나 가지 않은 길은 아쉽다. '그때 그렇게 했더라면', '그 길로 가지 않았더라면' 등으로 시작하는 말들은 무수히 많다. 아쉬움 자체는 당연한 감정이다. 동시에 경험할 수 없는 것을 알면서도 생기는 감정이다. 다만 이것이 후회가 되어 내 안에서 되풀이되는 것을 주의하자. 후회한다고 달라지는 것은 아무것도 없지 않던가.

캐서린 맨스필드도 '결코 후회하지 말 것, 뒤돌아보지 말 것을 인생의 규칙으로 삼아라. 후회는 쓸데없는 기운의 낭비이다. 후회로는 아무것도 이룰 수 없다. 단지 정체만 있을 뿐이다'라고 말했다. 커다란 바위를 안고 넓은 바다를 헤엄쳐 나갈 수는 없다. 후회를 매단 채 가라앉을 것인가, 홀가분히 끝없이 펼쳐진 멋진 세상을 향해 나갈 것인가. 선택은 어디까지나 자신의 몫이다. 누구도 대신 할 수 없는 선택의 기회를 잡아라.

과거와 이별하는 일은 생각보다 쉽지 않다. 누군가는 아무것도 아니라는 듯이 말할 수 있지만 본인에게는 일생일대의 도전이 되기도 한다. 과거를 죽을 때까지 끌어안고 가는 이들도 있다. 과거를 바꿀 수 있는 사람은 아무도 없다. 그렇기에 더 안타깝고 미련이 남는다. 과거는 내가 무언가 새로운 곳으로 나아가려 하면 그 즉시 하기 싫은 100가지 이유를 만들어낼 정도로 재빠르고 강력하다. 그럼에도 불구하고 내가 원하는 모습 그 한 가지를 위해 시작하면 된다. 하고 싶지 않은 100가지 이유를 그대로 두고도 '한다'라고 마음의 방향을 정하는 순간, 50대 50은 51대 49가 되어 이긴다.

과거는 인생이라는 나의 컵에 흘러든 잉크 한 방울과도 같다. 눈에 잘 보이지는 않아도 컵 안에 계속 남아 틈나는 대로 자신의 존재를 드러내려 한다. 방법은 두 가지다. 더 큰 컵이 되어 희석시키

든가 아니면 지금 당장 새로운 물을 넘치도록 받아들여 흘려보내는 것이다. 둘 중 더 빠르고 강력한 방법은? 기꺼이 머리끝까지 넘치는 새로운 물을 받아들이는 것이다. 우리에게는 현재라는 이름의 기회가 있다. 과거를 생각하는 현재가 아깝지 않은가. 이 현재를 머지않은 미래에 또다시 후회하고 싶지 않다면 이제 기꺼이 과거와 작별하라. 남김없이 보내주자. 이제 현재에 발을 딛고 미래를 바라볼 시간이다.

08

혼자 있는
시간을
즐겨라

오늘 당신은 얼마나 '혼자'가 되었는가? 아침에 일어나 출근 준비를 하며 만원 지하철에 몸을 맡기고 아침부터 이어지는 회의 끝엔 팀 전체가 몰려가 점심을 먹는다. 클라이언트에 둘러싸여 서로의 의견을 조율하고 회사로 돌아오면 야근이다. 또다시 똑같은 지하철에 실려 돌아오면 씻고 잘 준비만으로도 벅차다. 자리에 누워서라도 하루를 돌아볼까 싶으면 어느새 눈꺼풀은 잠기고, 눈을 뜨면 똑같은 하루가 반복된다.

복잡한 이 도시에서 혼자 되기란 참으로 힘들다. 혼자 되지 않기 위해 안간힘을 쓰는 삶인 것도 같다. 어디든 소속되어 일을 해야 하고, 만날 사람이 있어야 하고, 누군가 찾아줘야 살아 있는 것 같다.

휴대폰을 만지작거린다. 주소록을 들여다본다. SNS를 순례하며 새로운 사진을 일일이 눌러본다. 스크롤을 내리며 '좋아요'를 열심히 누르다가 '뭐하는 건가' 싶어 그만둔다. 또다시 주소록으로 향한다. 몇 번이고 반복하다가 특별한 목적도 없이 연락 닿는 누군가를 만난다.

유독 혼자 있고 싶지 않은 때가 있다. 내가 나에게 충실하지 못할 때, 만족스럽지 않을 때 더욱 다른 사람을 찾게 된다. 혼자 있으면 보게 될 내 모습이 두려울 때면 다른 이들 틈에 섞이고자 한다. 이왕이면 나와 비슷한 처지의 사람들을 만나서 나만 그런 게 아니라는 위안을 삼고 싶다.

혼자 있다는 것은 나에게 충실하다는 것, 나에게만 집중한다는 뜻이기도 하다. 나에게 집중할 때는 기존의 관계마저도 버겁게 느껴질 때가 있다. 어쩔 수 없이 유지해야 하는 사회적 관계도 부담이 되는 것이다. 가령 그 속에 있더라도 '내가 이러고 있을 때가 아닌데' 하는 생각으로 안 가느니만 못한 경우도 많다.

나에게 혼자 있는 시간은 '요가'와도 같다. 요가는 동작보다는 호흡이고 자신에게 집중하는 시간 자체다. 아무리 많은 사람들 속에서도 철저히 나 혼자가 되어야 제대로 된 동작을 할 수 있다. '나 혼자가 된다'는 것은 내가 내 호흡에만 집중하는 것이다. 힘들다고 숨을 참아버리거나 아무렇게나 쉬면 모든 것은 무효가 된다. 그냥 몸만 움직인다고 다가 아니다. 특히 내 동작이 남에게 어떻게 보일지에 신경 쓰기 시작하면 순식간에 균형이 무너진다. 보이는 모습만을 위해 엉뚱한 곳에 힘을 주게 된다. 내 호흡에만 집중해야 제대로 된 동작이 나온다. 필요한 곳에 힘을 주고 써야 할 근육을 제대로 쓰는 것이다.

혼자 있어야 나에게 집중할 수 있다. 다른 이들을 의식하는 순간 불필요한 모습을 꾸며낸다. 오로지 나에게만 집중하는 시간, 혼자 있는 시간이 나와 내 감정을 제대로 들여다볼 기회를 준다.

'혼밥', '혼술'이 유행이라고 한다. 대학에 들어가서 처음으로 경험한 혼밥에는 묘한 이중성이 있었다. 평소처럼 수업 듣고 과제할 때 학생식당에서 혼자 밥을 먹는 일은 그렇게 민망할 수가 없다. '행여 아는 누군가 마주치지 않을까', '친구도 없는 불쌍한 애로 보이지는 않을까', '이럴 줄 알았으면 누구 하나 불러서 먹을 걸' 별생각이 다 들었다.

반면에 목표로 한 무언가를 준비하며 먹었던 혼밥은 모두 당당하고 자랑스러웠다. 똑같은 학생식당이고 보는 이가 많았지만 혼자서 밥도 잘 챙겨먹는 내가 그렇게 귀할 수가 없다. 보는 이들에게는 다 똑같지만 차이를 만든 것은 내 안의 무언가다.

내 안에 나를 위한 것이 가득할 때는 혼자 밥을 먹는 시간도 나를 위한 챙김이다. 나 하나로 충분하다. 혼밥이 혼자 있는 시간을 만들었고, 생각하는 기회를 주었고, 성장할 수 있는 발판이 되었다. 큰일을 결정해야 할 때 어김없이 혼자가 되어야 했고, 기꺼이 혼자가 되었다. 지금도 새로운 일을 할 때면 '혼자'가 되는 것부터 시작한다.

혼자 있어야 결정하고 시작할 수 있다. 주위 사람들이 많으면 무언가를 결정하기가 쉽지 않다. 이 사람은 이렇게 이야기하고 저 사람은 저렇게 이야기한다. 게다가 가까운 사람들일수록 변화를 원하는 나의 결정에 일단은 걱정부터 표하기 마련이다. 불확실한 변화보다는 확실한 현재를 선택하라는 것이다. 이런저런 이야기를 다 듣다보면 결정은 점점 미뤄지고 처음에 들었던 마음도 어느새 희미해지기 일쑤다. 안 그래도 새로운 변화가 두렵기도 하고 고생을 사서 하는 것 같았는데 이참에 그냥 주저앉아 버린다.

새롭게 결정하고 시작하고 싶다면 일단 혼자가 되어라. 혼자 있어야 치밀해진다. 아무도 내 결정을 대신할 수 없기에 자신을 믿고 결단을 내릴 수 있다. 결정을 다른 이에게 미룬 사람은 결코 자신이 원하는 것을 얻을 수 없다. 결과가 나왔다 하더라도 공은 그 결정을 한 이에게 돌아간다. 실패를 해도 나의 결정이 아니면 당연히 핑곗

거리가 생긴다.

무엇이든 내가 결정해야 내 것이 된다. 성공도 내 것이 되고, 실패도 책임질 용기가 생긴다. 실패에 책임을 지면 경험이 되고 다음 도전의 디딤돌이 된다. 일단 혼자 있는 것에서부터 이 모든 것은 시작된다.

과거의 나에게 단 한마디를 해줄 수 있다면 나는 주저 없이 '혼자 있는 시간을 아낌없이 즐기라'고 하겠다. 혼자 있는 시간을 두려워하거나 헛되이 보낸 적이 얼마나 많았던가. 누군가 함께 있을 때는 그럭저럭 무언가 하다가도 혼자가 되면 멍하니 하루를 흘려보낸다. 딴에는 재충전이라고 했지만 '누워 있을 시간에 책이라도 볼걸', '산책이라도 나갈 걸', '맛있는 요리라도 해볼 걸'처럼 혼자만의 시간의 마지막은 '걸, 걸, 걸'로 끝났다. 아무것도 기억나지 않는 날들로 사라져 버렸다.

지금의 내가 자랑스럽게 기억하는 날들은 혼자 있는 시간을 온전히 즐긴 날들이다. 아침에 눈을 떠서 잠자리에 들기까지 나 자신에 충실하여 살아낸 하루다. 내가 원하는 것을 선택하고, 하고 싶었던 일을 하며 스스로에게 기회를 주는 하루. 혼자 있어야 진짜 나를 위한 꿈을 그릴 수 있다. 누구의 눈치도 보지 않고 제약도 없이 마음껏 상상하며 그릴 수 있는 미래가 생긴다.

미래의 꿈이 내 안에 완전히 자리 잡으면 그때부터는 더욱더 혼자 있는 시간을 만들기 위해 노력할 수밖에 없다. 방해받고 싶지 않은 나만의 시간, 혼자만의 시간은 꿈으로 사는 시간이기 때문이다. 혼자 있는 시간을 즐긴 이들만이 꿈을 꾸고 꿈을 이룰 수 있다. 혼자 있는 시간에는 힘이 있기 때문이다. 조용히 나를 돌아볼 내면의 힘, 원하는 대로 미래를 그리는 상상의 힘, 상상한 대로 이루는 비전과 신념의 힘이다.

혼자 있는 시간을 즐겨라. 내 감정을 들여다보고 좋은 습관을 만드는 일도 혼자가 되어야 시작할 수 있다. 다른 이들의 말은 참고가 되지만 결국 '결정'하는 것은 오롯이 자신의 몫이다. 내가 원하는 모습을 남에게 그려달라고 할 수는 없다. 다른 이들이 그린 그림에 맞춰 살아가는 것을 멈추려면 주저 없이 혼자가 되어라. 그리고 '혼자 있는 시간'의 놀라운 힘을 느끼길 바란다.

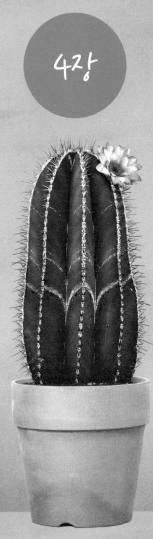

4장

내 감정의 주인이 되는 7단계 감정 코칭

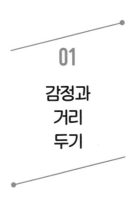

01
감정과
거리
두기

나는 줄곧 내 감정이 곧 나라고 믿어왔다. 나를 그대로 드러내는 것이 감정이고 그 감정 표현이 곧 나 자신의 표현이라고 말이다. 그래서 나의 감정 표현은 때로 거친 것이 당연했고, 그것이 솔직함이라고 합리화했다.

애초에 '감정=나'라는 생각은 어디에서 온 것일까? 특별히 배운 것도 아닌데 어쩌다가 그런 공식을 굳게 믿고 있었을까 말이다. 내 감정과 내가 각각으로 존재한다면 둘 사이에는 분명 거리감이 있을 것이다. 가까이 있을 수도 있고, 멀찌감치 떨어져 있을 수도 있다. 그런 의미에서 나와 내 감정은 완전히 밀착되어 한 몸처럼 살다가 어느 순간 감정과 내가 하나라고 믿게 된 것 같다. 어릴 적부터 내 감정에 즉각적으로 반응한 경험들이 모여 습관으로 굳어지면서 감정과 나 사이의 간극을 인식하지 못하게 된 게 아닐까.

어린 시절 즐겨 보던 '매직아이'가 떠오른다. 매직아이 책을 펼쳐 보면 정말 아무 의미 없는 그림으로 가득한 페이지가 나온다. 당황스럽지만 그건 그저 배경화면일 뿐이다. 그 안에서 찾아야 할 것은 두 개의 점이다. 눈에 힘을 빼고 그 두 개의 점에 초점을 둔 채로 약간 떨어져서 보면 어느 순간 두 개의 점이 세 개가 된다. 그 상태로 몇 초를 유지하면 그 안에서 예상치 못했던 숨겨진 그림이 떠오른다.

재밌는 사실은 잘 보이는 이에게는 새로운 경험이지만 안 보이는 이는 아무리 보려고 해도 안 된다는 것이다. 친구들과 모여서 보다 보면 꼭 한 명씩은 '안 보인다'며 투덜대곤 했다. 내 안의 감정을 들여다보는 일도 이와 같다. 우리의 감정은 남들이 보기엔 거기서 거기인 의미 없는 그림의 연속일 뿐이다. 아직 배경 화면으로 가득한 책장을 넘기듯 '별것 없네' 하고 마는 것이다.

각자에게는 분명 숨겨진 감정의 그림이 있다. 정식으로 들여다보려는 사람에게만 보이는 그림이다. 지나치게 눈을 치켜뜨고 힘을 주어 뭔가를 찾아내려는 것은 금물이다. 내 감정에 초점을 두되, 눈에 힘을 빼고 편안하게 '한번 볼까' 정도면 충분하다. 코를 박고 뚫어져라 본다고 보이는 것이 아니다.

중간에 책을 던져버리는 이들이 그랬다. 아무리 들여다봐도 눈만 아프고 어지럽다고 말이다. 두 개의 점이 세 개로 보이는 '적당한 거리'를 유지하면서 초점을 맞추는 것이 핵심인데 그게 너무 어렵다고 했다. 아주 가까워도 어지럽고, 저 멀리 떨어져도 보이지 않는다. 내 감정을 들여다보는 데도 적당한 거리, 매직아이가 필요하다.

내 감정을 들여다볼 때 주의할 것이 있다. 감정을 들여다보겠다고 점점 그 자체에 빠져들다가 부정적인 감정의 소용돌이에 휘말려 일상의 다른 것들이 눈에 들어오지 않을 수도 있다. 감정을 들여다본다는 것이 또다시 부정적인 감정 습관에 이끌려 망상을 끌어모으고 있으면 아무 소용이 없다.

감정이 나의 모든 것, 인생 전체로 보이지 않도록 적당한 거리를 유지하는 것이 중요하다. 무심히 딱 한 걸음만 떨어져서 봐야 감정이 감정으로 보인다. 부정적인 망상에 빠져들기 전 한 걸음 떨어져서 분명하게 말해두어야 한다.

'감정은 감정이다. 나는 감정을 감정으로만 본다.'

내가 운영하는 독서모임에서 있었던 일이다. 그날의 모임을 마칠 때쯤 한 녕이 불현듯 이야기를 꺼낸다.

"남편이 듣기 싫은 소리를 하면 어떻게 해야 하나요?"

요즘 따라 남편이 하는 이야기를 듣기 싫은 때가 많다고 했다. 딱히 어떤 계기가 있는 것은 아니었는데 남편의 이야기가 끝나기도 전 자신도 모르게 톡 쏘는 말투로 자르게 된다. 듣고 나서도 적절한 대답 대신 비꼬는 말이나 퉁명스럽게 얼버무리고 말았다고 한다.

평소에는 그럴 생각이 전혀 없었는데 남편이 이야기를 시작하면 꼭 그렇게 된다며 의아해했다. 자신의 반응에 남편도 덩달아 더 많은 이야기를 하게 되고 주거니 받거니 반복하다가 싸움이 되어 버린다. 모임의 다른 사람들도 그런 적이 있다며 맞장구를 친다. 다들 '그러려고 한 게 아니었는데 나도 모르게' 그렇게 되었다고 했다.

"아예 대꾸를 하지 말까요?"

그중 한명은 아예 대답을 안 하니까 처음 몇 번의 상황은 모면할 수 있었다고 한다. 그러나 이것도 반복하자 남편이 '자신을 무시한다'며 더 기분 나빠했다. 순간을 모면하는 것만으로는 또 다른 오해와 불신을 낳는다.

제일 먼저 해야 할 것은 부정적으로 반응하려는 자신을 멈추고 '감정은 감정일 뿐'임을 분명히 상기시키는 것이다. 떠오르는 감정을 그대로 떠안지 말고 옆으로 살짝 비켜나는 것이다. 그다음 옆에 따로 떼어 둔 감정이 무엇인지 바라본다.

'남편의 표현이 거슬리는 것인가, 내용에 대한 부당함인가, 감정 상태에 동의하지 못하는 것인가.'

그렇게 긴 시간도 아니다. 남편의 이야기를 끝까지 듣는 시간 정도면 충분하다. 일단 남편의 이야기를 중간에 자르는 실수부터 피할 수 있다. 그 사이 자신의 감정에 대한 판단에 따라 차분하게 대응한다. 이때도 '감정은 감정일 뿐'이라는 것을 기억한다. 상대가 나에게 요구하는 것이 있다면 감정과 관계없이 필요한 부분을 인정한다. 인정하는 것 자체에는 아무런 감정도 필요 없다. 내가 그것을 '해석'하기 때문에 감정이 따라붙는 것이다.

바로잡을 것이 있다면 그 자체만을 담담하게 이야기를 한다. 오직 그 뿐이다. 만약 상대방이 미숙한 감정 반응을 보인다고 해도 거기에 같이 휩쓸리면 그 반응에 나도 동조하는 것이 된다. 그 감정 반응을 나도 나눠 갖는 것이다. 상대방의 감정은 상대방이 처리할 수 있도록 일단 시간을 주고 나는 또다시 감정에서 비켜선다. 상대방도 감정을 감정으로 볼 수 있는 기회가 필요하기 때문이다. 그렇게 상대방의 반응에 순응하고 후퇴하고 다시 나의 이야기를 전하는 일련의 과정을 통해 우리는 비로소 양방향으로 제대로 된 감정을 주고받게 된다.

감정의 주인은 감정들과 현명하게 지낼 줄 안다. 나의 감정과 사이좋게 지내는 제일 첫 번째 방법은 적당한 거리를 두는 것이다. 감정을 들여다보기 위해 어느 정도까지는 가까이 가야 한다. 대신 그 속으로 완전히 들어가 버리면 감정은 온통 벽이 되어 나를 가둬 버리고 만다. 한 몸으로 엉겨 있으면 상대를 제대로 알아볼 수가 없다. 나에게 안긴 이 감정이 무엇인지 알지도 못한 채 아무렇게나 함께 굴러가는 것이다.

현명한 감정사용자로 살고 싶다면 '감정을 감정으로 보고 살짝 비켜나 거리 두기'부터 해보자. 내가 내 감정을 들여다볼 때는 물론이고 다른 이들과의 관계 속에서도 필요하다. 나와 감정이 일단 분리되어 설 수 있을 때 감정을 감정으로 볼 수 있다. 다른 이들과의 관계에서도 마찬가지다. 감정의 소용돌이에 휩쓸리는 대신, 감정과의 적당한 거리 두기를 통해 현명하게 대응하는 것이 건강한 관계의 시작이다.

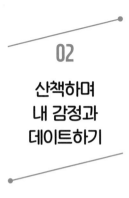

02

산책하며
내 감정과
데이트하기

그런 때가 있다. 내 몸인데 내 몸 같지가 않다. 내 머리인데 아무 생각이 떠오르지 않는다. 내 마음인데 뭘 하고 있는지 느낄 수도 없다. 내 삶을 스스로 잘 꾸려온 줄 알았는데, 한순간 모든 기초가 사라진 느낌이었다. 갑작스럽게 뚫린 내 감정의 허점이 마구 드러나기 시작한다. 이성적이고 여유 있는 내 모습, 내가 정말 좋아하는 나의 모습이 어느 곳에도 없었다.

마음이 불편할 때 즉각적으로 효과가 있는 방법은 일단 그 자리를 벗어나는 것이다. 그 자리에 머무르면서 전환하는 데는 한계가 있다. 나도 모르게 물리적인 공간의 영향을 받기 때문이다. 한편으로 내 마음을 넓게 펼치고 답답함을 떨쳐보고 싶지만 지금 내가 있는 작은 공간으로는 충분치가 않다. 집 안 욕조 안에 앉아있는 나와

제주 앞바다를 헤엄쳐 나가는 나는 다르다. 혹은 우리 집 안방에서의 나와 한라산 꼭대기에 선 나를 비교해 보아도 된다.

일단 문을 열고 홀로 나서야 한다. 내가 누구 엄마나 아내, 딸이 아닌 '나'로 보이는 것도 그때부터다. 처음에는 집에 혼자 있을 수만 있으면 굳이 나갈 필요가 없지 않을까 했다. 실제로 그렇게 해보았지만 그다지 효과가 없었다. 분명 나 혼자였고 나에게 집중할수 있는데 생각만큼 되지 않았다. 물리적인 공간과 환경의 문제는 의외로 매우 중요했다. 가까운 곳이라도 무조건 집을 떠나는 것이 포인트다.

처음엔 단 30분이었다. 고작 30분 동안 밖에 있었을 뿐인데 새로운 기분이 되었다. 특별한 곳을 간 것도 아니다. 늘 보아온 집 앞, 여름 한낮의 따가운 햇볕이 내리쬐는 6차선 도로의 인도였을 뿐이다. 신기하게도 땀을 뻘뻘 흘리며 왕복 4킬로미터 정도 되는 길을 걷기 시작하자 갑갑한 일상의 갑옷이 떨어져 나가기 시작했다. 무겁게 눌려있던 내가 원래의 모습을 드러내고 있었다. 괜히 두근거리던 심장박동도 차츰 안정을 되찾고 있었다.

"아, 시원해."

한여름 오후 길 한복판에서 온몸에 땀이 범벅인데 가슴 안쪽에서부터 시원한 바람이 불어오는 것을 느꼈다. 내 감정이 살아 숨 쉬고 있는 그곳이었다. 내 감정의 창문이 열린 것이다. 그리고 비로소 얼굴을 내밀고 나를 맞이한다.

"그동안 어떻게 지냈어?"

나 자신과 데이트를 시작하는 단골 질문이다. 내 감정과 이야기하고 싶을 때는 어떻게 할까? 나는 직접 소리를 내어 말을 하기도 한다. 이럴 땐 근처 한강공원이 제격이다. 일단 옆에 바짝 지나가는 이들도 적거니와 모두 자신의 일에 집중하느라 다른 사람이 눈에 잘 들어오지 않는다. 자전거를 타거나 달리거나 강아지를 데리고 산책하던가 말이다.

처음에는 이어폰을 하나 끼고 걸었다. 통화라도 하는 것처럼 보이기 위해서다. 머릿속에서 상상만 할 때는 조금 이상한 느낌이었는데 직접 해보니 의외로 자연스럽다. 시원한 강바람을 맞으며 스스로 묻고 답한다. 벤치에 앉아 잠시 쉬기도 하고 빠른 걸음으로 몸의 움직임을 즐기기도 한다.

가까운 사람에게 털어놓고 싶은 때도 있지만, 힘든 이야기일수록 더 조심스럽고 매번 비슷한 이야기를 하기도 서로 부담스럽다. 어쨌든 나의 가장 친한 친구는 내 자신이 아닌가. 어느 누구에게도 하지 못했던 이야기를 나에게 해본다. 그때 내가 어떤 기분이었는지, 왜 그런 반응을 했었는지 하나씩 묻고 답하면 비로소 이해가 된다. 스스로 위로하고 격려하고 칭찬도 하고 나면 집으로 돌아가는 길은 몸과 마음이 날아갈 듯 가볍다. 산책은 그렇게 나와의 데이트에서 고정 코스가 되었다.

결혼한 지 얼마 되지 않았을 때 지금은 기억도 나지 않는 이유로 다투고 남편이 집을 나갔다. 잠시 충격으로 멍했지만 맨몸으로 얼마나 멀리 가겠나 싶어 일단 기다렸다. 밖은 어두워지는데 남편은 돌아올 기미가 없다. 슬슬 걱정이 된다. 해가 지고 돌아온 남편이 조용히 이야기를 시작한다.

"혼자 딱히 갈 곳도 없고, 마침 지난번 같이 가보자고 했던 뒷산이 보이더라. 올라가면서 생각해보니 별것 아닌 일로 싸운 게 어이없고 미안해지는 거야. 정상에 올라 보니 해 지는 풍경이 어찌나 예쁘던지. 그걸 보니까 나도 모르게 당신이랑 같이 와야겠다는 생각이 들더라고. 내가 생각해도 웃겨서 잠시 앉아 있다 그냥 내려왔어. 우리 다음에 꼭 같이 가보자."

좁은 집안에만 처박혀 있으면 자기만의 세계에서 온갖 망상에 빠지기가 쉽다. 어지러운 머릿속으로는 내 감정이 제대로 보이지 않는다. 그럴 땐 일단 밖으로 나가는 것이 최고다.

일상의 풍경에서 조금만 벗어나도 새로운 생각과 기분이 마음을 채우기 시작한다. 우리는 의외로 굉장히 예민하고 섬세한 존재다. 어느 한순간, 말 한마디에도 일생을 바꿀 만한 생각과 감정을 경험하는가 하면, 순간의 판단으로 과감한 행동도 서슴없이 한다.

감정은 공기의 흐름만 바뀌어도 민감하게 반응한다. 가벼운 바람 한 점만 불어도 순식간에 수많은 느낌과 목소리를 쏟아낸다. 짧은 산책만으로도 감정을 들여다보고 나와 이야기할 수 있는 이유가 여기에 있다.

하루 30분, 일주일에 단 한 번이라도 좋다. 집 앞 거리, 회사 앞 공원, 산, 강, 바다 어디든지 상관없다. 정해진 형식도 코스도 없다. 일단은 무조건 밖으로 나가는 것이 핵심이다. 첫걸음을 떼어 천천히 걷다보면 조금씩 마음의 구름이 걷히고 평온함을 느낀다. 한 걸음씩 뗄 때마다 감춰있던 내 감정이 조금씩 밖으로 모습을 드러낸다. 드디어 나와 감정이 얼굴을 마주하는 최초의 순간이다.

나를 마주보는 내 감정에 말을 걸어 보자. 쑥스럽고 어색하지만 못할 것도 없다. 얼마나 기다려온 순간인가. 조심스레 한마디씩 말을 길고 이야기를 나누면서 그에 대해 몰랐던 것들을 하나씩 알게 된다. 마치 처음 만난 연인이 데이트를 하며 서로를 알아가듯. 내 감정과 산책하며 즐기는 데이트의 묘미가 여기에 있다. 설레는 마음으로 서로를 알아가는 시간, 나는 나의 감정과 데이트하며 날마다 사랑에 빠진다.

03
감정수첩에
감정
기록하기

작은 수첩 하나를 준비한다. 모양이나 크기는 취향대로 하되, 언제 어디서나 휴대할 수 있으면 된다. 개인적으로는 줄이 그어진 두께 1cm 이내의 B5크기 수첩이 가장 편했다. 이 수첩은 이제 나만의 '감정수첩'이다. 이곳에 기록해야 할 것은 오로지 나의 감정이다. 다른 메모와 혼용해서는 안 된다. 단순하게 그때그때의 감정을 즉시 적어두는 용도로만 사용한다.

왜 이러한 감정수첩이 필요할까? 무엇보다 순간적으로 지나치는 감정을 놓치지 않고 수집하여 이후 명확하게 세분화하기 위함이다. 당시에는 분명 어떤 느낌이 있었는데, 일상에 치여 조금만 지나도 도무지 기억나지 않는 경우가 많다. 특히 감정 습관으로 자리 잡은 경우 무의식중에 반응해 버리고 나면 아무 일도 없던 것만 같다.

감정은 당시의 주변 환경이나 상황에 따라 아주 작은 것이라도 반응에 차이가 나기 마련이므로 일단은 무조건 적어 두기로 한다. 기본적으로 포함해야 할 것은 '감정이 발생한 배경, 실제로 반응한 감정, 내가 원하는 반응'이다.

나의 후배 J 대리의 감정수첩을 엿보기로 하자. 어느 여름날 오후 그는 사무실에서 PC 모니터를 뚫어져라 보며 일을 하고 있다. 오전 중에 팀장에게 제출하기로 한 보고서가 늦어지고 있어 점심도 못 먹었다. 점심시간이 끝나서야 가까스로 제출했다. 잠시 후 J를 부르는 팀장의 목소리가 들린다. 가서 보니 화면에는 J가 보낸 보고서 파일이 열려 있다.

"마감 시간도 어기면서 한 게 고작 이겁니까? 여기, 또 여기. J대리는 이 부분이 말이 된다고 생각합니까? 제대로 확인하고 작성한 거 맞습니까?"

화면 여기저기를 가리키며 지적하는 팀장의 한마디 한마디가 가슴에 탁탁 들어와 박힌다. 점심도 못 먹어 배에서는 꼬르륵 소리가 나고 무언가 치밀어 오르는 속은 부글부글 끓고 있다.

"예, 맞습니다. 어디가 어떻게 말이 안 된다는 거죠?"

고작 한마디 하고 나서는 몇 배의 지적을 받았다. 자리로 돌아오며 이미 후회는 시작됐다.

'아, 그냥 가만히 있을 걸. 괜히 한마디 했다가 팀장 화만 돋우고. 다시 하면 나만 손해인데, 잘 모르겠으니 도와달라고 불쌍한 척이라도 할 걸 그랬나.'

바로 지금! 감정수첩을 꺼내야 하는 순간이다. 이 순간이 지나가기 전에 간략하게라도 기록해 두자.

2017년 11월 8일 오후 3시
회사 사무실 팀장 자리

상황(감정이 발생한 배경)
- 보고서 마감이 늘어져 2시에 제출
- 팀장이 자리로 불러 페이지별 확인 사항 지적

반응(실제로 반응한 나의 감정)
- 점심도 못 먹고 해서 보냈는데 지적만 당하고 억울하다.

- 잘한 부분은 알아주지 않으니 힘이 빠진다.
- 따지듯 대답했다고 더 괴롭힘을 당할까봐 불안하다.
- 괜히 대꾸했나 후회가 든다.

대응(내가 원하는 반응)

- 보고서에 대한 것은 그 자체로만 받아들인다.
- 질문한 사항에 대해서만 대답한다.
- 마감시간보다 늦게 제출했다는데 자격지심을 갖지 않는다.
- 내용에 대한 문의는 나에 대한 지적이 아니다.

감정수첩에 기록하면 내가 원하는 객관적인 상태와 나의 실제 반응 간 차이, 거리감을 파악할 수 있다. 현재 위치와 목표점을 알아보기가 쉬워진다. 잠깐 스치고 지나가는 것이라도 기록해 놓고 다시 보면 새로운 의미를 발견할 수 있다. 반복할수록 더 구체적으로 알게 되고 미묘한 차이도 구분이 가능해진다.

세심하고 구체적인 구분이 필요한 이유는 의외로 초등학교 시절 일기장에서 찾을 수 있었다. 엄마의 기억 속에 난 '참 맛있었다'와 '참 재밌었다' 두 종류의 일기만 쓰는 아이였다. 워낙에 자주 쓰던

두 표현이 기억에 남은 모양이다.

실제로 일기장을 들춰봐도 그랬다. 초등학교 저학년 일기의 대부분은 '오늘 뭘 했다. 참 재밌었다' 아니면 '오늘 뭘 하고 나서 무언가 먹었다. 참 맛있었다'였다. 시간이 지나면서 다른 표현을 사용하기도 했는데, '참 재밌었다'는 '정말 재밌었다'로 '참 맛있었다'는 '정말 맛있었다'가 되어 있었다. 혼자 얼마나 웃었는지 모른다.

사실 내가 기대한 것은 '재밌었다'와 '맛있었다'를 벗어나는 것이었는데, 당시의 나에게는 쉽지 않았던 모양이다. 초등학생 일기장처럼 우리의 감정 표현 또한 손에 꼽을 만한 몇 가지로 돌려막기하고 있는 건 아닌지 확인해 볼 필요가 있다. 예전의 나도 맥락 없이 다짜고짜 화가 난다고 한다던가, 분명 다른 상황인데도 결론은 항상 화가 난다로만 수렴하는 경우가 얼마나 많았는지 모른다. 고작 다르게 표현한다는 것이 '진짜 화가 난다', '머리가 지끈지끈하게 화가 난다', '가슴이 터질 것처럼 화가 난다' 따위다. 필요한 것은 '화가 난다'를 다른 단어로 표현하는 것인데 말이다.

상대방에게는 '머리가 지끈지끈'하거나, '가슴이 터질 것 같은' 것들은 아무런 의미가 없다. 어떤 경우든 결국 '화가 났다'밖에 전달이 안된다. 얼마 지나지 않아 의아해 할 것이다. '저 사람은 왜 항상 모든 일에 화를 내는가' 하고 말이다.

누군가 나를 항상 화가 나 있는 사람으로 인식하고 무슨 이야기를 해도 화내는 것으로 단정 지어버리는 순간부터 그 관계는 오해를 쌓아간다. 해명을 해도 역시 화를 내는 걸로 보일 것이다. 이런 관계는 발전을 기대하기 어렵다. 서로 제대로 된 감정을 주고받지 못할 때 말과 행동은 겉돌기 마련이다.

감정수첩에 적어둔다는 것은 순간적으로 지나쳐 엉뚱한 곳에 쌓일 뻔한 감정을 제대로 해결하려는 준비 작업이다. 나의 감정이 몇 개의 단어로 오해를 사기 전에 하나씩 구체적으로 풀어볼 기회를 갖는 것이다. 매 순간의 짧은 기록이 모여 하루를 정리할 단서가 되고, 제대로 해석할 기회를 주기 때문이다. 일상 중 틈틈이 감정수첩으로 자신의 감정을 기록해 두자. 수시로 살펴서 왜곡된 기억으로 남지 않도록 말이다. 이것만은 반드시 기억해두자. 내가 내 감정을 제때 챙길 때 내 감정의 주인으로 당당히 살게 된다는 것을.

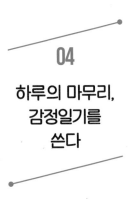

04
하루의 마무리,
감정일기를
쓴다

하루 일과를 마치고 잠자리에 들 때면 자신에게 묻곤 했다.

'나는 오늘 하루 잘 살았나?'

과거의 나는 주저 없이 '그렇다'라고 할 수 있는 날이 많지 않았다. 왜 꼭 밤만 되면 낮 동안의 부끄러운 일들이 떠오르는지. '이불킥'이라고 하지 않던가. 말 그대로 이불을 걷어차며 자책하는 것이 자기 전 의식이었다.

웬만하면 그냥 잊고 자는 게 속 편할 텐데 민망스런 순간은 불쑥 떠올라 나를 안절부절 못하게 만든다. '그때 그 말은 왜 해가지고', '그런 짓은 안 하니만 못한 것을' 하는 식의 추임새까지 넣어가며 말이다.

의미 없는 자책, 몹쓸 재연을 방지하려면 후회가 아닌 제대로 된 '복기'가 필요하다. 복기란 바둑에서 대국이 끝난 후 처음부터 그대로 다시 놓아보는 과정이다. 지루해 보이지만 하나하나 되짚는 동안 비로소 제대로 알게 된다. 나의 하루도 마찬가지다. 하루 동안 감정 상황과 나의 반응을 되짚어 보는 복기가 필요하다.

처음으로 복기의 힘을 경험한 건 회사 업무를 통해서다. 방법은 단순했다. 프로젝트 하나가 끝나면 파일을 정리하면서 지나온 과정을 하나씩 살펴본다. 과정마다 겪었던 문제점을 지금이라면 어떻게 했을지 나만의 해결방법을 덧붙이는 것이다.

전체 과정을 한번 따라가고 나면 다음 프로젝트에서 어떤 부분을 염두에 둘지 미리 정리가 된다. 그냥 잘하겠다고 하는 것으로는 나아지지 않는다. 프로젝트 복기를 하면 놓쳤던 부분을 발견해서 반복되는 실수를 방지하고 더 빠르게 발전할 수 있다.

감정일기는 하루 동안 나의 감정이라는 프로젝트에 대한 복기다. 감정일기를 쓰는 방법은 다음과 같다. 잠자리에 들기 전 주변의 방해가 없는 혼자만의 공간으로 들어간다. TV, 스마트폰은 잠시 치워두고 낮 동안 틈틈이 작성해 둔 '감정수첩'을 펼쳐본다. 오늘 하루 동안의 기록을 참고하여 주요한 감정 사건들을 되돌아본다.

정해진 형식이 있는 것은 아니지만 다음과 같은 순서로 하면 보다 쉽게 정리가 된다.

1. 하루 동안 단편적으로 지나쳤던 것들을 전체적으로 훑어보면서 흐름을 살핀다.

오늘의 주요 감정을 가려내 보는 것이다. 나에게 가장 큰 영향을 준 감정을 위주로 하루의 흐름을 추려낸다.

2. 주요 감정의 흐름을 객관적인 시각에서 바라본다.

나를 당시 감정에서 분리하여 제3자가 되어 다른 이의 기록을 들여다보듯 한다. 이미 지나간 일이므로 그 자체에 더 이상 휩쓸리지 않는다. 철저하게 남이 되어야 볼 수 있다. 많은 심리학자들의 연구 결과 또한 내가 아닌 '저 사람'으로 보았을 때 고통이 줄어들고 보다 편안한 마음으로 볼 수 있다고 한다. '나'만이 아닌 '서로'의 입장이 모두 보이기 때문이다.

당시에는 모르고 지나쳤던 것들이 보인다면 엄청난 수확이다. '이렇게 했으면 더 좋았을 텐데…' 하는 게 있을 것이다. 이때가 기회다. 단순히 '좋았을 걸' 하는 건 후회에 지나지 않는다. 우리는 이러한 후회를 남기려고 감정일기를 쓰는 게 아니다. 감정일기는 여기서 한걸음 나아가 '어떻게 하면 더 좋았을까'에 초점을 둔다.

3. 오늘의 감정 장면들을 내가 생각하는 가장 이상적인 모습으로 재구성해 본다.

객관적으로 바라보며 정리한 대응방식으로 아까의 상황을 다시 그리는 과정이다. 내가 원하는 새로운 감정과 상황을 선택한다. 건강하고 온전한 내가 했을 법한 생각, 말과 행동을 중심으로 느껴지는 새로운 감정을 상상한다.

4. 이제까지 재구성한 상황을 내 것으로 받아들이며 완전히 감사한다.

처리되지 않은 감정으로 답답하고 불안했던 것들은 상상 속에서 모두 해결되었다. 이상적인 상황을 최종적인 결과로 받아들이고 감사한다. 형식적으로 하면 안 된다. 진심으로 받아들이고 생생하게 느끼는 것이 중요하다.

일단 상상으로 완전히 자리 잡고 나면 현실에서도 조금씩 반영되는 것을 느낄 수 있다. 과거의 감정 습관으로 10번 후회했다면 점차 7번, 5번, 2번으로 줄어드는 것이다. 계속해서 유지하면 점차 새로운 습관으로 자리를 잡는다. 단순히 과거의 습관을 버리려고 애쓰는 대신 새로운 습관이 자리 잡으면서 과거의 습관이 존재감을 잃어간다. 새로운 습관으로 대체되는 것이다.

감정일기를 쓰면서 나만의 '감정 대응 매뉴얼'이 생겼다. 감정을 조절한다고 말로만 하는 것은 아무런 효과가 없다. 감정을 조절한다고 할 때는 반드시 조절을 위한 '기준점'이 필요하기 때문이다. 기준점의 근거 자료가 감정일기다. 감정일기를 통해 어떤 때에 과거의 감정 습관이 나타나는지를 알 수 있기 때문에 이후 유사한 상황에서 자신에게 '잠깐 멈춤' 메시지를 보내는 기준이 생긴다. 과거의 감정 습관에 따른 무의식적인 반응을 멈추는데 매우 효과적이다.

원하는 때에 멈추는 것이 감정 조절의 기본이다. 일단 멈추고 나면 올라갈지 내려갈지 방향이 보이고 작게 만들지 크게 만들지 따져볼 여유가 생긴다. 멈춤으로 생겨난 공백이 우리가 선택할 수 있는 기회를 준다. 과거의 감정 습관에 매여 있을 것인가, 부정적인 순환의 고리를 끊고 건강한 모습으로 날아오를 것인가는 이 선택에 달려 있다.

감정일기는 긍정적이고 행복한 감정이 오래가도록 하는 '감정

보온'에도 탁월했다. 대부분 처음에는 부정적인 감정 습관을 바로 잡기 위해 시작한다. 하지만 언제까지나 기억하고 싶은 긍정적인 감정들도 얼마든지 있다. 어린 시절 일기장의 한 페이지를 읽으면 그때의 행복감이 또다시 느껴지지 않던가. 감정일기도 시간이 지나 들춰보면 당시의 행복감을 되살리도록 도와준다. 오래도록 따스함을 품은 감정의 보온병이 되는 셈이다.

감정일기는 소중한 내 감정의 성장기록이기도 하다. 시작은 어렵고 복잡한 마음을 제대로 쏟아내지도 못할 정도였지만, 하루하루 시간이 지날수록 조금씩 제자리를 찾아가는 모습이 보인다. 단어 사용은 물론이고 문장의 길이나 필체에서도 느껴질 정도다.

한 권을 채우고 나서 다시 훑어보면 어지럽게 흩어져 있는 감정의 조각들이 맞춰지면서 온전한 나의 모습과 새로운 감정 습관이 자리를 잡아가는 과정도 차례대로 눈에 들어온다. 과거의 감정 습관으로 고민하던 공간이 하나둘 새로이 늘어나는 감사로 채워진다. 감정일기를 써나가던 이들이 지금은 감사일기로 이어가는 이유다.

잠들기 전 몸과 마음이 가장 편안한 상태는 부정적인 감정 습관을 끊어내고 새로운 감정 습관을 자리 잡도록 할 절호의 기회다. 매일 밤 잠들기 전 감정일기를 쓰며 나만의 긍정 루틴을 만들자. 이 시간만큼은 철저히 제3자가 되어 오늘의 주요 감정 흐름을 파악하고 그 안에서 하나하나 짚어보자.

당시에 보지 못했던 핵심적인 지점들이 보일 것이다. 그 상황에서 이상적이라고 여기는 대응 방안으로 재구성한 감정 사건을 마음속에 그려본다. 새로운 시나리오로 대체한 것에 대해 의심 없이 감사한다. 잠들기 전까지 이상적인 감정의 시나리오를 반복하여 떠올리며 잠재의식 속에 완전히 자리 잡도록 한다. 감정 시나리오는 새로운 습관을 만들어가는데 가장 중요한 힘이다. 감정일기는 건강한 감정 습관을 위한 필수 준비 항목이자 생생한 변화의 기록이다. 감정일기가 감사일기로 자리 잡을 때까지 매일 잠깐의 감정일기로 인생의 새로운 시나리오를 써나가자.

05
작심삼일
반복
하기

해마다 1월 초가 되면 갖가지 계획을 세운다. 개인은 개인대로, 회사는 회사대로, 국가는 국가대로 '올해 이것만큼은 꼭 하겠다'는 다짐이 가득하다. 새벽부터 운동을 시작하는가 하면 담배를 갖다 버리거나, 책을 손에 들어 본다. 하루 이틀이 지나 야근을 하고, 주말이 다가오고, 친구를 만나면서 계획은 점차 밀려난다. 눈 깜짝할 사이에 1월이 다 가고 바쁜 일상에 핑계를 대며 연초의 계획은 희미해져간다.

뇌 과학에 따르면 기존의 관성을 극복하고 새로운 습관으로 자리 잡는데 최소 21일이 걸린다고 한다. 미국의 의사 맥스웰 몰츠가 처음으로 주장한 '21일의 법칙'은 이후 수많은 심리학자와 의

학자의 연구로 체계화되었다. 21일은 생각이 의심·고정관념을 담당하는 대뇌피질과 두려움·불안을 담당하는 대뇌변연계를 거쳐 습관을 관장하는 뇌간까지 가는 최소 시간이다. 뇌의 부위 중 습관을 관장하는 '뇌간'에 이르는 것이다. 뇌간에 이르게 되면 두려움과 불안은 없어지고 방해가 되는 잡생각이 사라져 '습관' 으로 각인된다.

'21일 법칙 지켜야 나쁜 습관 고친다' (중앙일보 2017. 1. 2)는 제 목의 기사 내용 중 일부다. 새해 계획을 세운 이들을 위한 이 기사 에서는 무엇이든 일단 21일간 실천해야 새로운 습관을 유지할 수 있다고 한다. 21일, 즉 3주만 꾸준히 노력하면 뇌에도 새로운 습관 으로 각인되어 그 다음부터는 한결 쉬워진다는 것이다.

새로운 감정 습관을 훈련하고 자리 잡기까지도 이와 같은 시간 이 꼭 필요하다. 오늘 하루 한 번 제대로 해봤다고 '짠' 하고 완성되 지 않는다. 여기엔 '작심삼일'이라는 복병도 있다. 대체로 작심삼일 은 이렇게 진행된다. 첫째날은 희망에 부풀어 뭐든지 기쁘게 한다. 둘째날은 어제의 성취감에 취해 한번 더 해본다. 셋째날은 이제 곧 뭔가 될 것 같은 기대감이 최고조에 달해서 한다.

하지만 딱 거기까지다. 세상이, 환경이 나를 가만두지 않는다. 최고조에 달했던 기대감도 한풀 꺾이고, 곧 뭔가 될 줄 알았는데 제자리로 돌아가는 건 한순간이다. 나름 3일간 전력투구했는데 눈에 보이는 변화가 없으니 힘이 빠진다.

더 이상 이런 뻔한 스토리를 반복할 수는 없다. 우리에게 필요한 최소한의 기간인 21일 기준으로 할 때, 작심삼일도 7번만 반복하면 21일이 된다. 목표는 작심삼일을 7번 반복하는 것이다. 처음 3일을 완벽하게 지켜냈더라도 이를 7번 반복하지 못하면 아무 소용이 없다. 따라서 처음부터 완벽하지 않더라도 일단은 21일까지 끝까지 가는 것에 초점을 두는 것이다. 일단 3주간을 보내고 나면 이후로도 계속 이어나갈 기본 근육이 생기기 때문이다.

'작심삼일 7번 반복하기'는 오래전부터 이어온 '모닝루틴'을 자리 잡게 하는데도 매우 유용했다. 모닝루틴은 내가 아침마다 꼭 하는 몇 가지 일들이다. 눈을 뜨자마자 양치를 하고 물 한 잔과 비타민 B와 프로바이오틱스 한 알씩을 먹는다. 이어 1분 정도 가볍게 스트레칭을 하고 나서 감사일기를 쓴다. 가장 컨디션이 좋은 아침 시간에 감사일기를 쓰니 감사의 제목들이 더 많이 떠오른다. 다음은 잠시 묵상을 한다. 간단히 메모로 정리하고 기도로 마친다. 10분 정도는 긍정적인 메시지의 책을 읽는다. 이렇게 총 30분 동안 매일 같은 일을 반복하면서 스스로에게 하루의 시작을 긍정적으로 각인

시킨다.

이 모든 것을 한꺼번에 시작한 것은 아니다. 처음엔 감사일기를 쓰는 것으로 만족했다. 며칠 그렇게 해보니 10분 정도 더 시간을 낼 수 있을 것 같아 묵상도 추가했다. 그렇게 며칠이 또 지나자 지난밤에 읽다 만 책을 더 읽고 싶었다. 그런 식으로 하나씩 늘려간 것이다.

하나라도 일단 시작하자 소소한 성취감이 생겼다. 계획한 것을 다해도 고작 30분이지만 해냈다는 성취감으로 남은 하루가 충만해진다. '나도 할 수 있다'는 긍정적인 감정이 생겨나고 다른 일도 착착 해나가는 내 모습이 그려진다. 조금씩 내 것이 되는 경험을 하면서 앞으로의 일들을 계획하고 실행할 원동력이 생긴다. 나만의 프로젝트에서 작지만 강력한 성공 경험을 해 보았으니, 좀 더 미래를 내다볼 여유도 생기는 것이다.

여유가 생기면 새로운 목표가 샘솟는다. 목표를 위해 당장 하고 싶은 것들이 떠오르고 실행 방법을 찾기 시작한다. 어느새 내 삶이 보다 정교해진 것을 느낀다. 손가락 사이로 흘러가던 시간이 촘촘히 손에 잡히는 삶이 된다.

작심삼일을 7번 반복하는 방법은 다음과 같다.

처음 3일산은 감정수첩을 가지고 다니는 것부터 시작한다. 하루에 한 번이라도 감정수첩에 기록만 하면 성공이다. 그 이상은 하면 좋고 못해도 괜찮다.

두 번째 3일간은 감정수첩에 기록한 것을 저녁에 다시 한 번 들춰 본다. '하루 동안 이런 일들이 있었구나' 하면서 되살려 보는 것이다. 마찬가지로, 거기까지만 하면 성공이다.

세 번째 3일간을 맞이한다. 일주일이 지나면서 감정수첩에 기록하는 것까지는 별다른 어려움이 느껴지지 않는다. 적어 놓은 것을 보면, 얼마 안 된 것 같은데도 알게 모르게 기록이 쌓인 것을 보게 될 것이다. 흐뭇해하면서 저녁에 한 번 더 들춰보면 된다. 여기에 한 줄이라도 감정일기를 적는다. 오늘의 감정수첩을 보며 떠오르는 것을 한마디라도 적는 것이다. 한 줄이라도 적었으면 성공.

네 번째 3일간이 시작되었다. 어느덧 2주가 다 되어간다. 감정일기에 뭔가를 적고 나니 하루의 마무리도 점점 짜임새가 생긴다. 이번엔 감정일기를 적을 때 감정수첩에서 한 가지를 골라 내가 원하는 이상적인 시나리오를 완성하는데 초점을 둔다. 간략하게라도 완성이 되었다면 충분하다. 앞으로 3일간 하루에 한 가지씩만 적으면 된다.

다섯 번째 3일간이다. 상상력을 마음껏 발휘하는 시간이다. 감정일기에 적은 시나리오 하나를 선택해 자기 전까지 편안히 그려본다. 할 수 있는 한 최대한 생생하게 상황을 재현해 보는 것이다. 일단 가능한 선까지 해보는 것이 중요하다.

여섯 번째 3일간이다. 감정수첩과 감정일기는 이제 나의 필수품이다. 일을 하다가도 친구를 기다리다가도 생각날 때가 있다. 그때마다 적고 읽으면서 상상해 본다. '오늘 밤에는 이 시나리오를 상상해야지' 하며 고르는 여유도 생겼다.

드디어 일곱 번째 3일간이다. 신기한 일을 경험할 차례다. 자기 전 반복해서 상상한 상황이 현실에서 일어난 것이다. 예전 같으면 분명 화를 내거나 그 자리에서 받아쳤을 테지만 이번엔 달랐다. '저건 저 사람의 의견일 뿐이야. 나에 대한 공격이 아니야'라는 생각이 들며 차분해졌다. 감정수첩에 드디어 긍정적인 사건이 하나씩 늘어나기 시작했다. 오늘 더 생생하게 상상하며 잠들 수 있을 것이다.

처음부터 이 모든 것을 한꺼번에 하려 했다면 어땠을까? 일주일도 지나지 않아 포기해 버렸을지도 모른다. '뭐가 이렇게 복잡해'라면서 말이다. 이와 같이 21일을 무사히 보낸 당신에게는 다음 3일간의 목표를 스스로 정할 수 있는 힘이 생겼다. 이 또한 욕심 부릴 필요 없다. 다음 3일간 할 수 있는 일이면 충분하다.

작심삼일 반복하기는 작은 행동 하나만으로도 시작할 수 있다. 중요한 것은 오늘도 내일도 계속해서 이어가는 것뿐이다. 완벽한 계획은 완벽하게 실패하기 쉽다. 작게 계획하고 넉넉하게 이루자. 반복하여 경험한 성취감은 다음 3일, 또 3일을 계속할 수 있는 힘이 된다. 성취감으로 든든하게 세운 자신감이 스스로 계획하고 실행할 수 있는 여유로움으로 인도할 것이다. 더 이상 작심삼일은 없다.

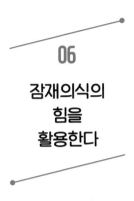

06
잠재의식의
힘을
활용한다

10년 가까운 장롱면허를 탈피하고자 운전 연수를 시작한 첫날 아침이다. 차를 출발시킬 수는 있을지, 엉뚱한 곳에서 서버리는 건 아닌지 떨리는 마음으로 운전석에 앉는다. 옆 자리의 강사는 걱정하지 말라고 하지만 의자를 조정하고 안전벨트를 하는 내 손에는 힘이 잔뜩 들어가 있다.

브레이크에 발을 올리고 시동을 켠다. 힘찬 엔진소리에 안에서 '찌르르'한 느낌이 올라온다. 핸들을 잡은 손에 힘을 주자 오른발이 자연스럽게 액셀러레이터로 옮겨간다. 앞으로 나간다. 골목길을 나서며 브레이크, 주위를 살피고 다시 액셀러레이터. 도로로 나선다. 조금씩 속도가 붙는다. 아직 떨리는 마음이긴 해도 운전석에 앉은 지 15분 만에 한강변 도로를 상쾌하게 달리기 시작한다. 면허를 취득하고 한 번도 운전을 해본 일이 없었는데 나도 모르게 다시 하고 있었다. 완전히 잊었다고 생각했지만 잠재의식은 어딘가에 운전하는 법을 기억하고 있었던 모양이다. 기쁜 마음에 다른 이들한테 이야기했더니 모두들 '대학 졸업 후 10년 만에 자전거를 탔는데 어제 탄 것처럼 자연스러웠다'라든지 '어릴 때 수영해 보고 한참 만에 바다에 들어갔는데 저절로 수영이 되더라'와 같은 비슷한 경험이 있었다.

잠재의식은 기억한다. 내가 잊었다고 생각하는 모든 것들을 내 안에 기억하고 있다. 다만 내가 잊었다고 믿기에 찾아낼 수 없는 것뿐이다. 한시도 쉬지 않고 숨을 쉬고, 내 몸속의 심장이 뛰고, 피가 도는 일 등은 모두 내가 의식하고 하는 행동이 아니다. 잠재의식으로 인해 내가 전혀 노력하지 않아도 자연스럽게 되는 일들이다.

잠재의식이 기억한다는 사실 때문에 우리의 오랜 감정 습관은 자꾸만 힘을 발휘하는 동시에 새로운 습관 또한 강력한 무기가 된다. 잠재의식의 힘을 알고 시작하는 것은 막연히 '내 감정을 다스리겠다'는 의지를 뛰어넘는 가장 빠르고 효과적인 방법이다.

우리가 긍정적인 감정 습관으로 나만의 감정 매뉴얼을 만들어 대응하는 것도 잠재의식에 완전히 자리 잡을 때 가능하다. 우리의 훈련 과정은 모두 잠재의식에 자리 잡아 내가 별다른 노력을 하지 않고도 자연스럽게 생활할 수 있을 때까지 계속되어야 한다.

새벽 5시, 눈이 번쩍 떠진다. 평소 같으면 어림없는 시각이다. 7시에 일어나면서도 '10분만 더'를 얼마나 외쳤던가. 오늘은 다르다. 8시에 클라이언트와의 미팅이 있다. 집에서부터의 거리, 준비하고 운전하며 가는 도로 상황을 고려할 때 늦어도 5시 30분까지는 일어나야 했다. 잠들기 전까지 아침에 일어나서부터 도착해서 할 일까지 순서대로 몇 번이고 그려보았다. 중요한 프레젠테이션이므로 모든 과정을 차질 없이 진행해야 한다. 그렇게 잠이 들었고 알람도 울리기 전 5시에 일어난 것이다.

내 자신이 기특하고 대견하다. '이런 사람이 아니었는데' 하며 신기하기도 하다. 혼자서 몇 번이고 모든 과정을 반복한 덕분에 잠재의식이 이를 받아들이고 나를 깨운 것이다.

잠재의식은 힘이 있다. 내가 원하는 대로 나를 움직이고 행동하게 한다. 내가 알람시계나 다른 사람의 도움으로 일어나려고 했다면 그 과정은 더 힘들었을 것이다. 끊임없이 울려대는 알람 소리를 참다못해 일어나고, 그 사이 옆에서 자고 있는 이의 달콤한 잠까지 방해했을 것이다. 아니면 나의 부탁으로 그가 깨우는 소리에 억지로 깰 수도 있다. 잠재의식의 힘으로 이런 것들에 의존할 필요 없이 혼자 일어나게 된 것이다.

감정 습관을 교정하고 대체하기 위해 훈련할 때에도 의지만으로는 얼마 못 가 포기하게 된다. 나아가는 것도 더디고 몇 번을 반복해도 내 것 같지 않다. 잠재의식의 힘을 이용하면 한층 더 쉽고 안정적으로 새로운 감정 습관이 자리 잡도록 할 수 있다. 감정일기를 쓰고 잠자리에 들 때 잠재의식에 이상적인 모습을 반복해 그리면서 이러한 힘이 생긴다.

감정수첩과 감정일기를 통해 '감정 대응 매뉴얼'을 만들고자 할 때, 판단이 잘 서지 않는 경우가 있다. 기존의 습관을 대체할 새로운 습관이 명확히 그려지지 않는다. 이때도 잠재의식을 활용하여 문제를 해결할 수 있다. 우리의 잠재의식은 해결 능력이 있기 때문이다.

어떤 주제에 대한 아이디어가 필요한데 그 자리에서 바로 떠오르지가 않았다. 그러고는 집에 와서 샤워를 하는데 머리를 감다 말고 갑자기 아까 그 아이디어가 생각나는 것이다. 급하게 휴대폰을 찾아 녹음을 하고 메모장에 적고 난리도 아니었다. 이런 사례는 얼마든지 있다.

당장 제대로 정리되지 않는다면 일단은 잠재의식에 그려 넣고 다른 일부터 해결한다. 내가 다른 일을 하는 사이에도 잠재의식은 문제에 대해 끊임없이 답을 찾는다. 이제까지 내가 쌓아온 지식, 경험, 감정들이 나도 모르는 사이 하나로 결합하여 답을 만들어 내는 것이다.

비틀즈의 멤버 폴 매카트니는 "1964년 어느 날 아침, 잠에서 깨자마자 꿈을 통해 들었던 멜로디를 기록했다"고 밝혔다. 그 곡이 바로 비틀즈의 대표곡 '예스터데이'다. 영화감독 크리스토퍼 놀란의 2010년 흥행작 '인셉션' 역시 감독이 꿈에서 얻은 영감으로 만들어졌다. 감독은 그의 자각몽을 통해 이 작품을 탄생시켰다고 했다. 초현실주의 화가 살바도르 달리는 자신의 작품들을 '손으로 그린 꿈 사진'이라고 할 만큼 꿈에서 수많은 영감을 얻곤 했다. 그들이 평소 자신의 작품에 대해 몰두하고 잠재의식에 그려 넣은 사이 잠재의식은 다양한 형태로 대답한 것이다.

우리도 잠재의식의 능력을 얼마든지 활용할 수 있다. 잠재의식은 기억한다. 내가 잊고 있다고 생각한 것도 잠재의식 안에는 분명히 있다. 무엇을 꺼내어 쓸지만 결정하여 명확하게 그려 넣으면 된다. 잠재의식은 우리가 원하는 대로 행동하게 하는 힘이 있다. 잠재의식에 그려진 대로 움직이며 원하는 일이 이루어지는 것이다.

잠재의식은 찾고 있던 답을 알려주기도 한다. 혼자 고민하며 힘들었다면 잠재의식의 도움으로 예상치 못한 순간에 놀라운 답을 찾을 수도 있다. 잠재의식에 무엇을 그려 넣을 것인가는 전적으로 각자에게 달려 있다. 잠재의식에 내가 원하는 것을 명확하게 그려 넣고 그 힘과 능력을 시험해 보자. 내가 원하는 대로 변화하고 행동할 수 있다면 얼마나 멋진 일들이 일어날 것인가. 상상도 나에게 달려 있고 꿈을 이루는 것도 나에게 달려 있다.

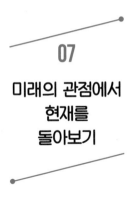

07
미래의 관점에서
현재를
돌아보기

"그때 기억 안 나?"

"그러게… 뭣 때문이었는지 기억이 잘 안 나네."

"그건 그렇고, 오늘 저녁 뭐 먹을까?"

우리 부부의 현실 대화다. 뭔가 *끄*집어내고 싶은 게 있었는데 도무지 기억이 나질 않는다. 싸움을 걸어보려 했다가 도리어 희미한 서로의 기억에 머쓱해질 때가 많다. 그런 적 있지 않은가? 당시에는 '이건 내가 두고두고 갚아 주리라' 했는데, 얼마 지나고 보면 '갚아 주리라' 한 것만 기억날 뿐 도대체 뭘 갚아 주려 했는지 알 수가 없다. 심지어 종이에 적어 놓기까지 했는데, 나중에 읽어보면 도무지 앞뒤가 이어지질 않아 쓰레기통에 던져 버린 적도 많다. 이제는 웬만하면 '갚아 주리리'는 결심 자체를 안 하게 된다. 하면 뭐하겠나. 어차피 대부분은 기억도 못할 텐데. 당시에 화를 낸 사람만 손해다. 조금만 지나도 별것 아닐 일에 혈압 올리고 심장 뛰어봐야 내 건강만 나빠진다.

요즘도 가끔 울컥하는 상황이 있지만 대부분은 '내가 지금 화를 내면 몇 분만 지나도 분명 후회할 거다'라는 생각으로 그대로 넘어가는 일이 많아졌다. 몇 번을 반복하면서 어지간한 것은 신경 쓰지 않는 여유가 나의 감정 습관으로 자리 잡게 되었다.

미래의 내가 어떻게 반응할지 알고 있다면 현재의 상황에 더 침착하기 마련이다. 뻔히 보이는 미래의 후회와 자책을 일부러 사서 할 필요는 없지 않겠는가. 내 감정을 현명하게 사용하는 방법 중 하나는 '미래에서 시작하는 것'이다. 이미 일어났던 일들을 경험 삼아 미래 관점으로 바라보면 같은 실수를 반복하지 않는다.

습관은 과거다. 이전에 반복해서 했던 생각, 말과 행동이 그대로 자리 잡은 것이다. 습관은 이미 일어난 일을 통해 만들어진 것이고 감각에 각인되어 있어 언제든지 쉽게 떠오른다. 지금 어떤 일에 대한 감정이 떠올랐을 때 즉각적으로 반응하는 것은 기존의 감정 습관일 가능성이 크다. 부정적 감정 습관이 형성된 경우에는 의도치 않게 자꾸만 부정적으로만 반응하기 쉽다. '아차' 해도 이미 쏘아버린 화살이 되어 상대의 마음에 파고든다.

한때 '나는 왜 이럴까' 깊은 자괴감에 빠진 적이 있다. 속으로는 '긍정적으로 반응해야지. 예전처럼 그러지 말아야지' 하면서도 말과 행동은 생각을 앞서 상대를 공격하고 있었다. 뒤늦게 '내 의도는 그런 게 아니었는데, 나도 모르게 그랬다'고 해 봐야 상대방에게는 의미 없는 변명이다. '자기 할 말 다해놓고 나쁜 의도가 아니었으니 나보고 참으라는 건가' 하는 반발심만 키우기 쉽다.

감정 습관은 나의 의지보다 빠르다. 의지로 어찌해 보겠다고 하기 전에 나를 떠나버린다. 부정적인 감정 습관은 버리려고 할수록 더 몰입되어 강한 영향을 받는다. 단지 '버리겠다'는 것으로는 어렵다. 습관 자체를 새로운 것으로 대체하지 않는 이상 출구 없는 쳇바퀴일 뿐이다. 몇 번이고 후회해 보았다면 그대로 둘 것이 아니라 내가 원하는 것으로 미리 대체해 주어야 한다. 발에 맞지 않은 하이힐을 신고 고통당한 경험이 있다면, 다음번엔 현관 앞에 편안한 단화로 바꿔 놓아야 바로 신고 나갈 수 있다. 신었던 하이힐을 그대로 둔다면 나도 모르게 또 신고 나가 '아차' 하지 않겠는가.

우리는 이제 내가 원하는 긍정적인 감정 습관으로 대체하기 위해 감정수첩과 감정일기를 활용할 줄 안다. 매일의 기록은 우리가 미래를 계속해서 구체적으로 상상하도록 도와주는 친절한 도구다. '미래 시점에서 현재를 보기' 위한 가장 효과적인 훈련 방법이다.

최종 목표는 새로운 습관으로 자연스럽게 대응하는 것이다. 새로운 감정 습관이 완전히 자리 잡고 나면 의식하지 않아도 긍정적인 반응이 나갈 것이고 애초에 '그렇게 하지 말아야지' 같은 다짐을 반복할 일은 사라진다. 후회가 남지 않는 것은 당연한 일이다.

유의할 것은 이것이 한 번에 완성되는 것은 아니라는 점이다. 처음에는 감정 습관을 불러일으키는 상황을 만났을 때 의도적인 '일단 멈춤'부터 시작한다. 단 몇 초라도 무조건 멈추는 것이다. 물리적인 여백을 만들어내면서 즉각적으로 반응하려던 감정 습관도 주춤하게 된다. 이때가 기회다.

'내가 원하는 평안하고 잠잠한 감정 상태에서는 무조건 반응하지 않아. 나는 비슷한 일을 예전에도 겪었고 이제는 어떻게 해야 할지를 알아.'

나는 이전의 감정 습관을 사용하지 않았다. 내가 원하는 대로 평온한 상태에서 다시 시작할 수 있었다. 첫 번째 적용이 성공했다. 이런 식으로 몇 차례 반복되면 의식하지 않아도 자연스럽게 되는 것을 경험할 것이다.

만약 더 이상 의식하지 않는다고 했는데 예전과 똑같은 반응을 보였다면 의식적인 적용이 더 필요한 때이다. 새로운 습관으로 완전히 대체될 때까지 몇 차례 더 반복해 보도록 한다.

재밌는 것은 이렇게 내가 잠깐 멈추고 의식적으로 준비하는 사이, 상대방도 방금 내뱉은 말을 한 번 더 생각하게 된다는 점이다. 내가 무어라 하기 전에 상대방이 먼저 그 자리에서 사과하며 정정하는 경우도 의외로 많다. 내가 부정적인 감정 습관으로 즉각 반응하면 상대방 또한 자신이 뱉은 부정적인 말과 행동에 더 몰입하게 된다. 내가 의도적으로 반응을 늦추면 상대방에게도 의도적인 '잠깐 멈춤'의 기회를 주어 부정적인 상황에 급속도로 몰입하는 것을 지체시킨다.

감정 대응의 선순환이 자리 잡아가면서 나의 변화를 통해 상대방과 상황 전체가 달라진다. 나부터 달라지면 상대방이 달라지고, 나와 상대방이 달라지면 우리가 처한 상황 자체도 반전된다.

미래 시점에서 현재를 볼 수 있다면 더 이상 후회만 반복할 일은 없다. 미리 알고 행동할 수 있기 때문이다. 미래 시점에서 현재를 보면서 온전히 건강하고 긍정적인 내가 원하는 감정 대응을 준비하자. 과거의 감정 습관으로 반응하려고 할 때 의도적으로 멈추고 내가 원하는 긍정적인 대응으로 대체하라. 처음엔 의식적으로 반복하여 훈련하지만 어느 순간 의도하지 않아도 자연스럽게 원하는 대로 할 수 있다. 기존의 감정 습관이 새로운 것으로 대체된 것이다. 미래 시점에서 현재를 보며 여유롭게 나만의 감정 습관을 만들어 보자. 내가 선택한 감정 습관으로 살 때 내 감정의 주인으로 건강한 자신과 관계의 행복을 누리게 된다.

5장

좋은 감정이 나의 모든 것을 바꾼다

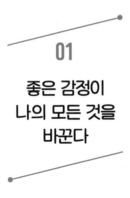

01

좋은 감정이
나의 모든 것을
바꾼다

"지금과는 다르게 살고 싶은데 뭘 어떻게 해야 할지 모르겠어요."

삶에 지친 이들과 이야기를 나눌 때 듣게 되는 말이다. 아무것도 하지 않고 가만히 있던 것은 아니다. 나름대로 이것저것 해 보았지만 이제까지 만족할 만한 변화를 경험하지 못했기 때문이다. 다른 방법이 있을 것 같은데 혼자서는 정리가 되지 않아 조언과 아이디어를 구하고자 한다.

진정한 자신의 모습과 숨겨진 감정 습관에 대해 알지 못했던 과거의 나도 그랬다. 새로운 삶, 더 나은 삶을 위해 해야 할 일들을 계획하고 실천하는 것만으로도 하루가 벅찼다. 공부도 하고 돈도 벌고, 가족에게 신경 쓰고, 주변 사람들과도 친분을 유지하는 등 온갖

'해야 할 일'로 가득했다. 참아야 하는 일들은 또 얼마나 많은가. 싫은 소리도 참아야 하고, 하기 싫은 것도 참아야 하고, 쉬고 싶은 것도 참아야 하고. 내가 만든 수많은 규칙의 방에서 쳇바퀴를 돌리는 동시에 벗어날 방법을 찾아 헤맸다.

감정에 그 열쇠가 있다는 것을 알고 난 후, 모든 것이 달라졌다. 나에게 좋은 감정이 무엇인지를 알고 구체적인 감정 습관으로 하나씩 자리 잡기 시작하면서 인생은 '내가 기분 좋아지기 위한 것'으로 바뀌었다. 내가 더 기분 좋게 하루를 보내려면 새벽에 일어나 글도 쓰고 싶고, 남편과 잠깐이라도 웃으며 이야기하고 싶어진다. 아이가 내 장난에 크게 웃는 모습도 보고 싶고, 친정 엄마한테 감사하다는 말 한마디라도 하고 싶은 것이다. 내 기분이 좋아야 하기 때문이다. 내 인생은 '해야 할 일'에서 '하고 싶은 것들'로 완전히 달라졌다. 한마디로, 좋은 감정은 '진짜 나에게 충실할 때 나타나는 감정'이었다. 이와 같이 나에게 좋은 감정을 찾기 위해서는 몇 가지 조건이 있다.

첫째, 나에게 좋은 감정이 무엇인지를 안다.

누군가에게 책은 휴식이고 즐거움이지만 어떤 이에겐 참지 못할 고역이 된다. 나에게 맞는 좋은 감정 상태에 대해 아는 과정이 필요하다. 다른 이들의 기준이나 알려진 이야기가 아닌 오직 나를 기준으로 찾아나간다. 사람들과 부딪히며 사회적 활동이 많은 경우 자연 속으로 장소를 옮겨가면서 좋은 감정을 살릴 수도 있다. 단조로운 일상을 보내는 경우 드라마틱한 체험을 통해 삶에 활력을 더하면서 좋은 감정 상태로 자신을 끌어올릴 수도 있다.

나에겐 막연한 두려움이나 불안감이 사라진 상태가 곧 좋은 감정이었고, 나아가 할 수 있다는 자기 확신이 차오르는 것이 가장 좋은 감정이었다. 이처럼 각각에게 맞는 좋은 감정의 상태는 조금씩 차이가 있을 수 있다. 그래서 일단은 혼자 있는 시간을 갖고, 산책하며 나와의 데이트를 하면서, 감정수첩과 일기의 내용으로 조금씩 단서를 얻어가는 것이다.

둘째, 나에게 좋은 감정의 횟수를 늘린다.

내게 좋은 감정이 어떤 상태인지를 알았다면 그것을 충분히 느낄 만한 빈도가 뒷받침되어야 한다. 나에게 좋은 감정이 있는데 경험할 기회가 주어지지 않는다면 일상에서 그러한 감정을 유지하기란 쉽지 않다. 처음엔 의도적으로 동일한 패턴을 반복하면서 빈도를 늘려간다. 이 과정으로 '나만의 노하우'가 생기는 것이다. 나에게 좋은 감정이 희미해질 때면 나만의 노하우로 보다 쉽게 감정을 전환하고 새로이 채울 수 있다. 현명한 감정 사용자를 위한 일종의 감정 레시피다.

셋째, 나에게 좋은 감정의 강약을 조절한다.

언제나 최고 강도의 감정 상태가 필요한 것이 아니다. 큰 이벤트만을 바라면 일상의 소소함이 사라지고, 반복되는 일상만 있으면 자신을 확장할 수 있는 의식이 약해지기도 한다. 좋은 감정에는 강약이 필요하다. 예를 들어 감정이 많이 소모되는 힘든 일을 앞두고 있다면 그것을 다 마친 후에 자신에게 무언가를 해주겠다고 미루기보다 이미 이루어진 것처럼 먼저 선물을 준다. 힘든 일이 닥치기 전 자신감을 충분히 북돋워주어 더 큰 믿음으로 헤쳐나가도록 하는 것이다.

마찬가지로 꿈을 찾아가는 과정에서 앞만 보고 달리다가 어느 순간 양옆에 아무것도 보이지 않는다면 잠시 멈춰서 길가에 핀 꽃도 보고 바람도 느껴본다. 운동도 인터벌 트레이닝(Interval Training)이 더 효과가 뛰어나듯 좋은 감정도 융통성 있는 강약 조절을 통해 한층 더 안정감 있게 자리매김을 할 수 있다.

좋은 감정을 찾아 느끼고 유지하는 것은 인생의 방향을 결정하고 실행하는 긍정적인 원동력이다. 좋은 감정은 좋은 것을 끌어당겨 예상치 못한 것들까지 가져다준다. 더 크게 기대해도 좋다. 좋은 감정으로 인생의 방향을 결정했다면 반드시 이루어지게 되어 있다. 반대로 나쁜 감정은 나쁜 것을 끌어온다. 언제라도 좋은 감정으로 전환하는 것이 우선이다.

현재 상황이 좋지 않을 때 동요하거나 위축되지 않으려면 반대되는 것으로 확실하게 전환한다. 막연하게 하지 말아야지 하는 의지만으로는 해결되지 않는다. 완전히 상반되는 행동이 훨씬 더 강력하다. 지금 나의 상황이 힘들고 어렵다면 오히려 완전히 반대되는 이벤트, 좋은 일에 대한 축하 등으로 전환하는 것이다. 현실이 그렇지 않다 해도 이러한 행동이 새로운 분위기 흐름을 가져온다. 삶의 방향키를 조정하는 것이다. 키를 그대로 잡고 있으면서 암초에 부딪히면 안 된다는 걱정만으로는 피할 길이 없다. 한시라도 빨리 선회하는 것이 급선무다.

현재 나의 상태를 가장 쉽게 파악하려면 하루 동안 긍정적인 감정과 부정적인 감정의 점유율을 비교해 보면 된다. 다시 말해 좋은 감정의 총량이 나쁜 감정보다 많으면 된다. '감사', '사랑'과 같이 긍정적인 자기 선언이 '안 돼', '없어'와 같은 부정적인 말보다 더 많고 강력하면 된다. 51 대 49만 되어도 방향은 달라진다. 100 대 0이 아닌 51을 목표로 지금부터 해보자.

경험적으로 우리는 기분이 좋을 때는 뭘 해도 다 잘되는 것을 알고 있다. 기분이 좋을 때는 눈앞의 작은 문제에 별다른 영향을 받지 않는다. 오히려 일이 더 잘되려고 그러는 거라며 더 좋은 일의 징조로 보기까지 한다. 좋은 감정으로 사람을 만나면 상대방의 장점도 더 잘 보인다. 단점도 개성으로 덮어주는 아량이 생기지 않던가. 여유로운 사람 곁에는 같은 편이 되어주고 지지하는 사람들이 늘어난다. 덩달아 좋은 감정도 강화되면서 긍정의 선순환이 생겨나고 계속해서 뜻하지 않은 결실을 가져다주는 것이다.

모든 것은 좋은 감정에 달려 있다. 좋은 감정이 인생의 모든 것을 바꾼다고 해도 과언이 아니다. 좋은 감정이 제대로 자리 잡지 못한 상황에서 나의 의지로 아무리 애를 써도 좋은 감정이 가져다주는 '운 좋은 경험'을 이기기는 어렵다. 내 힘으로 간신히 해냈더라도 작은 어려움에 또다시 부정적인 감정 습관이 발동하여 제자리만 맴돈다. 흔히 아등바등해도 안 된다는 것이 이를 두고 하는 이야기다.

눈앞의 일에 압도되어 허우적거리고 싶지 않다면 이제는 나에게 좋은 감정부터 선물해 보자. 좋은 감정은 인생의 방향을 바꾸어 내가 나아갈 새로운 길을 보여주고 만나야 할 사람들과의 관계도 열어준다. 감정에 투자한 시간은 무엇과 비교해도 결코 아깝지 않음을 곧 깨닫게 될 것이다. 진정한 삶의 변화를 맛보고 싶다면 해답은 좋은 감정에 있다.

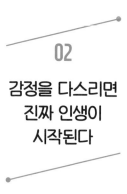

02

감정을 다스리면
진짜 인생이
시작된다

감정을 잘 다스리면 뭐가 제일 좋을까. 주변에 물어봐도 의외로 선뜻 대답하기 어려워한다. 다들 감정을 다스린다는 것이 좋다는 건 알겠는데 그 이상은 잘 모르겠다고 한다. 마음이 평안해지면 당연히 좋겠지만 구체적으로 무엇이 어떻게 좋은지 말로 표현할 만큼 확실히 경험하지 못한 탓이기도 하다.

감정을 다스리게 되면서 제일 먼저 실감한 것은 내가 내 감정의 주인임을 명확히 의식하고 행동한다는 사실이다. 더 이상 감정에 끌려다니면서 나의 귀중한 시간과 노력을 두려워하고 불안해하는 데 낭비하지 않는다. 내가 원하는 대로 자신을 이끌어갈 수 있게 된 것이다. 우왕좌왕하지 않고 진짜 내가 꿈꾸는 인생의 목적과 방향에 초점을 맞출 수 있다.

진짜 나의 감정 상태가 어떤지, 진정으로 원하는 내 모습이 어떤지 알기 전까지는 내가 아닌 주위 사람들이 기준이 된다. 가족, 동료, 친구 등 그들의 기대와 반응에 부합하기 위해 내 모든 것을 바치고, 그들이 내린 평가로 울고 웃는 나를 보았다.

감정을 다스리는 것은 다른 사람의 기대나 평가에 의존하지 않는 것이다. 내가 원하는 것을 선택할 수 있다. 주위 사람들의 말과 행동에 괜히 영향 받을 필요가 없다. 나의 현재 상태와는 무관한 그들의 감정 표현과 해석, 반응에 매달릴 이유가 사라진다. 대신 그만큼의 에너지가 나에게 돌아온다. 나에게 집중하는 노력과 시간만이 진짜 내 인생임을 알고 행동하게 된다.

감정을 다스린다고 하면 '감정을 드러내지 않는 것'으로 오해하는 경우도 있다. 좋아도 좋은 내색을 하지 않고 싫어도 싫다고 하지 않는다. 실상은 전혀 다르다. 감정을 다스리는 일은 정반대의 의미에 가깝다. 좋을 때는 좋다고 표현하고 싫으면 반드시 싫다고 하는 것이다.

단지 즉각적인 반응을 멈추고 내 안에서 확인해 본 뒤에 내보일 때가 있는가 하면, 지금 즉시 발산하며 스스로에게 만족을 주어야 하는 경우도 있기 마련이다. 적절한 때와 장소, 상황을 잘 알고 표현하는 것이 제대로 된 감정 표현이다.

감정 표현은 센스 있는 옷 입기와도 같다. 격식을 갖춘다고 한여름에 불필요한 옷들을 겹겹이 껴입는다든지, 자신의 개성을 드러낸다고 알몸으로 다니지 않는다. 같은 옷을 입어도 세련되고 잘 정돈된 느낌을 주는 이들이 있다. 비싸고 화려하지 않아도 자신을 돋보이게 한다. 감정도 이와 같이 어떻게 드러내느냐에 달려 있다.

감정이 아닌 표현의 문제라고 하는 것도 이런 이유다. 가진 옷이 많고 화려해야 옷을 잘 입는 것도 아니다. 가식 없이 깔끔한 차림이 호감을 주듯 감정도 있는 그대로를 담담하게 표현할 수 있으면 된다. 더하거나 뺄 것 없는 중용(中庸)의 상태다. 어느 쪽으로든 치우치지 않는 감정의 균형이야말로 감정을 다스리는 것에 가깝다.

유독 삶이 무겁고 잘 풀리지 않는 때도 있다. 그럴 땐 주저 없이 익숙한 펜과 노트, 힘이 되는 책을 들고 혼자 카페에 간다. 현재 상황을 있는 그대로 적어 내려가면서 그때그때 떠오르는 모든 생각도 함께 담는다. 주제에서 조금 벗어났다 싶어도 그대로 적는다. 일단은 할 수 있는 데까지 이어간다. 어느 정도 일단락되었다 싶으면 차 한잔 마시며 잠시 쉰다. 슬슬 적어 둔 내용을 들여다본다. 써내려갈 때는 몰랐던 내 모습이 보인다. 두서없는 끼적임 가운데도 감정이 묻어난다.

이런 내 모습, 내 감정을 어떻게 처리하고 싶은지 상상해 본다.

고요해진 마음에서 몇 개의 메시지가 떠오른다. 스스로에게 전하는 목소리다. 목소리에 귀를 기울이며 내가 어떤 모습으로 무엇을 말하며 행동할지를 생생하게 떠올린다. 이제 그대로 나아가면 된다는 확신이 들면서 내 안에 새로운 힘이 차오르는 것을 느낀다. 마지막으로 이러한 나의 마음에 용기를 북돋워주는 글을 읽는다.

감정을 다스린다는 것은 다양한 삶의 장면에서 스스로 용기를 낼 기회를 갖는 것이기도 하다. 내 감정의 신호에 민감하게 반응하여 한순간 처지거나 격해지는 감정을 적시에 평온한 수준에 다다르게 한다. 여기에 혼자 있는 시간의 힘을 더하여 나에게 집중하면 어렵지 않게 감정을 전환하고, 새로운 내가 되어 나아갈 수 있다.

"감정을 잘 다스리면 뭐가 제일 좋을까?"

이제 나는 자신 있게 대답한다. '감정을 다스리면 인생이 바뀐다'고 말이다. 시작은 감정이 내가 컨트롤할 수 있는 존재이며 내가 감정의 주인임을 아는 것이었다. 감정에 대한 관점이 달라진 것이다. 이전에 '왜 나만 이렇게 힘든지 모르겠다'는 한숨이 지금은 '이 감정이 나를 힘들게 하고 있구나'로 또렷해진다. 똑같은 상황이라도 내가 어쩔 수 없는 것으로만 받아들이면 의기소침해지고 자존감도 떨어진다. 반면, 내가 정확히 파악하고 있는 상황에는 두려움이 사라진다. 문제를 제대로 알면 그 속에 해결 방법도 보이니 자신감이 붙는다.

달라진 생각은 새로운 행동으로 이어진다. 생각 없이 되는대로 하던 행동은 정리된 생각으로 준비된 행동이 된다. 오래된 감정 습관이 있다는 것을 알아야 새로운 감정 습관을 위한 훈련을 시작할 수 있다. 건강한 감정 습관이 자리 잡아가면서 비로소 진짜 내 모습을 제대로 바라보고 받아들이게 된다. 내가 나를 받아들이고 나면 다른 이들과의 관계도 자연스럽고 수월해진다. 관계를 형성하고 발전시키는 것이 의식하지 못할 정도로 편안한 과정이 된다. 새로운 감정 습관이 가져다 준 건강하고 평화로운 관계, 이를 통해 다시 강화되는 긍정적인 감정 습관으로 점차 자신과 삶에 활기가 더해진다. 인생의 방향도 점차 새로운 기회를 향한다. 결국 감정을 제대로 다스리자 인생이 바뀌게 되었다.

감정을 다스리는 것은 나만의 원칙과 기준에 따라 신념을 가지고 산다는 의미다. 더 이상 다른 이들의 말과 행동에 휘둘리지 않는다. 언제든 무엇이든 내가 진정으로 원하는 것을 알아차릴 수 있는 내면의 힘이 생긴다. 삶이 나를 힘들게 하려 해도 감정을 다스리며 나만의 방법으로 여유 있게 맞이할 수 있다. 언제든지 나에게 충전할 기회와 방법을 제시하는 내 감정의 안내자가 되어 준다. 어느 때라도 평온함으로 나아가는 나를 스스로 칭찬하며 성취감을 느끼는 삶이다. 일상의 성취감이 모이면 점차 큰 그림을 그리게 된다. 인생의 비전, 꿈이 생기는 것이다.

꿈에 도전하는 삶은 무기력하거나 불안한 삶이 아니다. 확신이 있고 행동하는 삶이다. 감정을 조절하며 스스로에게 기회를 주는 삶, 진짜 나와 내 감정의 건강함을 누리는 삶이다. 감정을 조절하고 얻은 새로운 기회, 원하는 대로 행동하며 확신으로 사는 삶. 이제부터가 진짜 나의 인생이다.

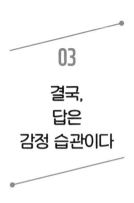

03
결국,
답은
감정 습관이다

결혼 전 엄마와 남동생과 함께 작은 텃밭을 가꾼 적이 있다. 초보 농부들은 머리를 맞대고 책과 인터넷에 의존해 각종 모종을 가져다 심었다. 주말에 잠시 들러 물을 주고 잡초만 뽑아 주었을 뿐인데 텃밭은 매주 놀라운 광경을 선사했다. 계속해서 올라오는 상추며 샐러리, 케일도 마냥 신기했고 한 달이면 풍성해지는 열무, 하루가 다르게 무거워지는 오이, 호박, 가지는 마법에 가까웠다.

하이라이트는 감자였다. 다른 채소들이 모두 자라 열매를 맺을 동안 감자는 당최 알 수가 없었다. 궁금하다고 매번 캐볼 수도 없는 노릇이다. 몇 달이 지나 드디어 캐어 보니 큼직한 감자가 줄줄이 딸려 나온다. 내가 의심하는 동안에도 생명은 계속 자라고 있었던 것이다.

감정은 마음의 텃밭과도 같다. 초보자든 전문가든 일단 씨를 뿌리고 물을 주는 한 어떻게든 싹을 틔우고 자란다. 초보라도 하나하나 정성을 다하면 충실한 결과물을 내지만 전문가라도 아무 씨앗이나 대충 뿌리고 내버려 둔다면 기대만큼의 수확은 힘들다.

감정 습관은 땅 속에 심은 감자와도 같다. 겉으로만 봐서는 그 안에 어떤 것이 얼마나 있는지 모르기에 섣불리 단정할 수 없다. 드러난 감정 표현이 그럴싸하다고 해서 그 안의 감정이 진짜고 건강하다는 보장은 없다. 제대로 뿌리를 내렸는지, 충실히 열매가 맺고 있는지 캐보기 전까진 모른다. 잔뜩 기대하고 캐보았는데 겨우 엄지 손톱 만한 것이 달려 있을 수도 있고, 의외로 주먹 크기의 튼실한 열매가 줄줄이 딸려 나올 지도 모를 일이다.

마음 텃밭에 제대로 뿌리 내리지 못하고 있다면 지금 잠시 좋아 보여도 결국에는 시들고 썩어 버린다. 아무리 물을 주어도 흘러 나가거나 고여서 썩게 할 뿐이다.

감정 습관을 제대로 알고 바로잡기 전에는 '어떻게 하면 싸우지 않을까', '무엇으로 다른 사람의 싫은 소리를 피할까'와 같이 표면적인 문제를 처리하는데 급급했다. 그러자니 상대방의 눈치를 보게 되고 거기에 맞춰서 내 말과 행동을 재단하는 것이 전부였다. 다른 이들이 뭐라 할지 전전긍긍하면서 내가 더 참고 노력하는 수밖에 없었다. 제대로 해결하지 못하고 넘어가는 상황이 반복되자 어느 순간 참지 못하고 폭발해버렸다. 스스로 감정 조절이 안 된다는 자괴감에 '왜 나는 세련된 표현이 안 될까' 고민만 반복한다.

감정 습관과의 연관성을 이해하지 못하면 내면을 억누르고 가면만 바꿔 쓰는 셈이다. 모면하기 위해 어설픈 긍정의 힘을 발휘하려 했던 지난날의 나와 같다. 여전히 해소되지 않은 감정의 응어리들을 끌어안는 것은 또 다른 감정 습관이 될 수도 있다.

부정적인 문제들을 해결하고 싶다고 말만 해서는 아무것도 달라지지 않는다. 전문가를 찾아 밑도 끝도 없이 당신이 해결해 보라고 하는 것도 억지에 가깝다. 일단은 스스로 가능한 방법을 찾아 시도해 보는 것이 순서다. 약간의 시행착오를 거치더라도 자신이 먼저 노력해 보았다는 사실이 중요하다. 설령 혼자 하다가 얻는 것이 없었다고 치자. 그래도 그러한 과정을 거쳐야 다른 이들의 도움이 필요하다는 것도 실감하지 않겠는가.

본인이 아무런 준비가 되지 않았는데 주위에서 그를 위한답시고 각자의 해결책을 억지로 주입시켜 보아야 무슨 의미가 있겠는가. 당시에는 임시방편이 되더라도 정작 본인에게 남는 것이 없다. 그러면서 잘 다듬어지지 않은 자신의 감정 반응에 갈수록 불만이 쌓인다.

시작은 감정이 습관이라는 아주 작은 사실을 깨닫는 것이었다. 감정이 습관적인 반응으로 나타나는 것임을 알고 내가 원하는 감정의 모습을 선택하는 것이 전부다. 다른 이들의 반응을 염려하는 대신 철저하게 '나를 위해' 선택한 모습으로 말하고 행동한다. 새로운 습관의 힘을 키우면서 기존의 습관은 점차 약해지고 퇴화된다. 마치 사용하지 않는 근육처럼 예전만큼의 힘을 발휘하지 못한다.

감정 습관은 텃밭에 심어둔 감자처럼 당장은 보이지 않을 수도 있다. 땅속 깊은 곳에서 내가 물을 주고 마음을 쏟아주길 기다리면서 말이다. 내가 물을 주고 잡초를 제거하기 시작하는 순간 진짜 나의 감정도 숨을 쉬고 자라날 준비를 한다.

감정 습관을 들여다보면서 깨달은 의외의 사실은 감정을 느끼면서 생각도 함께할 수 있다는 것이었다. 예전에는 머리를 하얗게 비워두고 뜨거워진 가슴으로만 이야기를 쏟아냈다면 이제는 머릿속에서도 하나씩 떠오르는 것들이 보인다. 가슴이 과열되려고 할 때 머리가 적정한 온도를 유지하도록 돕는다.

머리가 함께 일을 한다는 것은 쏟아내는 감정의 반응을 기억하여 분석할 기회가 생긴다는 의미이기도 하다. 가슴으로만 쏟아내고 나면 아무것도 기억나지 않는다. 방금 전 폭풍우가 휘몰아친 것 같은데, 마을 전체가 날아가고 잔해도 남지 않은 느낌이다. 머리가 도와준 덕분에 경험이라는 기억으로 저장하여 다시 꺼내어 볼 수 있었다. 덕분에 감정 습관도 하나하나 점검하며 문제점을 발견하고 해결책을 찾기가 수월하다.

습관이 바뀌면 그 바뀐 습관도 관성이 생겨서 내가 노력하지 않아도 자연스럽게 초기 대응이 바뀐다. 애초부터 문제가 될 일들이 생기지 않는 것이다. 좋은 감정 습관이 몸에 배이면 이전과는 다른 평온함이 내 안에 자리 잡는 것을 느낀다. 너무 뜨겁지도 차갑지도 않은 따뜻하고 포근한 기분이다. 나도 모르게 그 기분에 의지하게 될 정도다. 너무 뜨겁거나 차가우면 가까이하기 어려운 법이다. 따뜻함은 주변의 것들을 품는 힘이 있다. 뜨겁거나 차가워야 강한 것이 아니었다. 오래도록 유지하는 따뜻함이야말로 가장 큰 에너지, 마음의 힘이다.

결국, 답은 감정 습관이다. 감정이 만든 습관이 나에게 계속 괴로움을 주었다면 그 해답 또한 감정 습관 안에 있다. 감정 습관의 존재를 받아들이고 하나씩 들여다보며 바로잡아갈 때 휘청거리던 내 마음과 인생도 차츰 원래의 자리를 찾아가는 것이 느껴진다. 제자리에서 든든한 기초로 바로 세워진 나를 상상해보라. 내 자신에 대한 신뢰감이 커진다. 그런 나라면 무엇을 이야기하고 어떤 행동을 하든 충분히 믿고 응원할 수 있겠다. 자신에 대한 믿음이 자존감을 성장시킨다.

건강한 자존감은 건강한 관계의 기초이기도 하다. 나를 바로 세우고 건강한 관계를 만들어 가면 내가 별다른 노력을 하지 않아도 환경이 달라지게 된다. 어느새 나를 둘러싼 사람들, 말과 행동, 상황이 변화하는 것을 알아차린다. 의미 없는 반응, 불필요한 상처 대신 나와 상대방을 살리는 생명의 표현이 자라난다. 바로 당신의 내면, 든든한 감정 습관이 제대로 뿌리를 내린 그곳이다. 기대하라. 건강한 감정 습관으로 새로이 열리는 삶의 열매를.

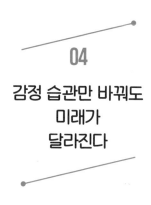

04

감정 습관만 바꿔도
미래가
달라진다

    습관을 바꾸면 인생이 달라질까? 물으나 마나한 질문이다. 당장 내 주위만 둘러보아도 알 수 있다. 옆 자리 R과장은 담배를 끊고 얼굴색부터 달라졌다. 내가 가입한 인터넷 카페에서는 새벽 5시에 일어나는 습관으로 출근 전 2시간을 활용해 원하는 모든 것을 이루는 이들도 있다. 나 또한 혼자 있는 시간에 책을 읽고 글을 쓰는 습관으로 내 안의 진짜 내 모습을 찾았다. 나의 지식과 경험을 정리할 소중한 인생의 기회를 얻기도 했다. 이 정도면 습관으로 인생이 달라졌다고 해도 과언은 아니다.

    습관을 바꾼다는 것은 적어도 두 가지의 의미를 포함한다. 하나는 기존의 나쁜 습관을 버렸다는 것이고, 다른 하나는 새로운 습관을 만들었다는 것이다. 앞의 것이 단순히 나쁜 것을 제거한 소극적

의미의 변화라면, 다음 것은 새로운 것을 통해 적극적으로 만들어 낸 변화로 이해할 수 있다.

적극적인 것이 더 좋고 소극적인 것이 덜하다는 의미는 아니다. 경우에 따라서는 소극적으로 제거하는 것만으로 충분한 효과를 거두기도 한다. '하지 마라' 하면 더 하고 싶고 '하면 안 돼' 하면 더 생각나는 법이다. 이것을 이겨냈다는 것만으로도 대단한 일이다. 다만, 무언가를 하지 않는 것으로 나쁜 습관이 완전히 사라지지 않는다면 새로운 습관으로 대체하는 적극적인 방법도 필요하다. 다이어트로 하는 체중 감량만이 아니라, 근육을 키우고 기초 대사량을 늘려 체질 자체를 바꾸는 것에 비유할 수 있다.

새로운 습관이 필요한 이유는 또 있다. 날마다 어제보다 더 나아졌다는 신선한 성취감을 공급해 주기 때문이다. 새로운 습관을 훈련하고 자리 잡게 한다는 건 그만큼 꾸준히 수시로 훈련했다는 뜻이기도 하다. 자기 자신을 이기며 훈련하는 가운데 날마다 성취감이 배가 된다. 시간이 갈수록 어제 보다 나은 오늘의 나에 대한 자신감이 쌓인다. 하루하루 만족감이 충만한 삶이다.

감정 습관도 마찬가지다. 처음에는 대부분 '나쁜 감정 습관 한 개만 바로잡는 것'을 목표로 시작한다. 그것만으로도 쉽지 않을 것 같아서다. 스스로 또는 다른 이들의 도움을 받아 마음 근육을 단련하면서 자신감이 회복되면 이야기는 또 달라진다.

건강한 마음의 근육이 생기면 이전처럼 끝이 보이지 않는 감정 다이어트에만 매달리지 않아도 된다. 체질 자체가 달라졌기 때문이다. 과거의 습관 대신 현재의 내가 원하는 것을 선택하며 성장할 기회까지 얻었다. 이 기회를 어떻게 활용할 것인가. 감정 습관을 바로잡으면서 이참에 이제까지 엄두가 나지 않던 일들에 과감히 도전하겠노라 하는 경우도 많이 보았다. 자신 안의 새로운 힘이 만드는 기분 좋은 떨림, 도전 의식이 생기는 것이다.

조금은 어색하고 이상한 일들도 겪게 된다. 그토록 찾아다녀도 보이지 않던 감사와 행복이 알아서 찾아오는 신기한 경험이다. 분명 익숙할 대로 익숙한 일상이었는데 처음인 듯 새롭다. 겉으로 봤을 때는 크게 달라진 점을 찾기 어려울 수도 있다. 일단은 나만이 알 수 있는 분위기의 반전이다.

그동안 해보지 못한 것들을 배울 수 있는 기회가 생기는가 하면, 생전 말 한마디 못했던 이들과 친근하게 이야기를 주고받게 되었다. 나의 작은 성취 하나에도 크게 응원하는 메시지를 받기도 하고, 오랫동안 듣고 싶었던 말을 해주는 이도 있다. 내가 필요하다 생각하는 즈음에 여지없이 나를 돕는 손길이 나타난다. 갈수록 감사할 일이 늘어만 간다. 처음으로 '제대로 받는 법'도 배울 수 있었다.

대부분의 경우 다른 이들에게 도움은 주는 것에만 집중하고 칭송했지 막상 자신이 남으로부터 받는 것에 대해서는 부끄럽고 쑥스러워 한다. 특히, 자존감의 기초가 충분치 않을 때 누군가 나에게 무언가를 준다고 하면 자격지심에 거절하거나, 받으면서도 빠른 시일 내에 갚아야 한다는 부담감에 소화가 안 될 지경이다.

모든 건강한 관계에는 주고받음이 있다. 줄 때 받을 것을 기대하지 않고 아낌없이 내어 주듯, 받을 때도 상대의 의도를 의심치 않고 있는 그대로 받아주는 것이다. 그동안 내가 제대로 받는 것에 얼마나 인색했는지, 그로 인해 상대방의 선한 의도를 얼마나 자주 의심했는지 돌아보게 된다. 제대로 주고받으면서 소소한 다툼과 갈등이 차츰 가라앉고 고요한 일상이 익숙해진다.

다른 이들의 농담 한마디에도 민감했던 내가 어느새 '그렇구나'라고 웃으며 넘기는 모습에 나도 놀란다. 심지어 나의 부족한 부분도 서슴없이 내보이게 되었다. 남편은 이런 나를 두고 '뭔가 달관한 것 같다'고도 했다. 상세한 내막을 모르는 주위 사람들도 나에게 이전과 다른 아우라가 생긴 것을 알아차린다. 새로운 영향력이 생긴 것이다.

헬렌 켈러는 '많은 사람들은 진정한 행복이 무엇인지 잘 모르고 있다. 행복은 자기만족에서 얻어지는 것이 아니라 가치 있는 일에 충실할 때 얻어지는 것이다'라고 했다. 사람은 자신이 다른 이들에게 도움이 될 때 마음 깊이 행복한 법이다. 각자가 이 땅에 태어난 선한 목적대로 이루어 낼 때 진정한 행복의 완성이 있다. 선택은 개인의 몫이다. 반쪽자리 행복에 만족할 것인가, 완전한 행복을 위해 도전할 것인가.

감정 습관 하나 바꿨을 뿐인데, 인생이 달라졌다. 인생을 바꾸는 데는 엄청난 돈이나 시간, 노력을 요하지 않았다. 다만 감정 습관을 기꺼이 만져보고 느껴보고 바꿔보겠다는 용기를 내기만 하면 되었다. 변화는 어디까지나 나를 기준으로 해야 한다. 변화된 나의 모습은 반드시 내가 원하는 모습이어야 의미가 있다. 감정 습관을 바꾸는 일도 '나'를 기준으로 할 때만 가능하다. 주변 사람들을 위해, 그렇게 해야 할 것 같으니까 하는 것은 아무것도 변화시키지 못한다. 철저히 나의 소망대로 집중할 때 마침내 문이 열리고 길이 보인다.

내가 바로 서면 주위 사람들도 결국 깨닫는다. 무엇이 한 사람의 인생을 변화시켰는지 관심을 갖고 다가오기도 할 것이다. 평소 나를 유독 반대한 사람이라면 이제 나의 내면이 든든해지면서 더 이상 아무렇게나 흔들리지 않을 것을 알고 쉽사리 방해하기 어려워진다.

　결국 모든 것은 감정에 달려 있다. 그리고 감정을 다스리는 데는 감정 습관이 답이다. 습관으로 바꾸지 못할 것은 없다. 이제 인생을 바꾸고 싶다면 내 안의 왜곡된 감정 습관부터 확인하라. 과거의 감정에 휘청거리는 허약 체질은 그만 잊어버리자. 다른 이들의 말이나 행동에 휘둘리지 않는 감정 근육형 체질로 산다.

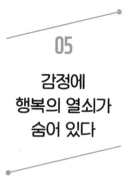

05
감정에
행복의 열쇠가
숨어 있다

'우문현답(愚問賢答)'이라는 말이 있다. 누군가 어리석은 질문에도 현명하게 답할 때 우리는 감탄한다. 대부분의 경우 어리석은 질문에서 딱 그만큼의 답만 얻기 마련이다. 나도 누군가에게 질문을 하고 그 답이 시원찮다 싶은 때가 있다. 잘 들여다보면 사실은 잘못된 질문을 했기 때문인 경우가 의외로 많다.

"행복은 무엇인가?"

오랫동안 나를 사로잡은 질문이다. 도대체 행복이 무엇이기에 얻기가 어려운 것인가. 어떻게 해야 행복을 얻을 수 있는지 생각할수록 알 수 없었다. 질문 자체는 의심한 적이 없었다. 행복은 '그 무엇'에 있고, 그것을 얻으려면 계속해서 무언가 해야 한다고 여긴 것이다. 우문현답의 요행은 없었다. 행복이 '인정받는 성과'에 있다고 믿으며 스스로를 몰아세우고, 행복이 '통장 잔고'에 있다고 믿으며 허리띠를 졸라맸다.

그러던 어느 날, 내 안에 조금 다른 질문 하나가 떠올랐다.

"행복은 어떤 느낌인가?"

단순히 몇 글자만 바꾸었을 뿐인데 완전히 새로운 생각이 열렸다. '무엇일까'를 기준으로 하면 자꾸만 눈에 보이는 물질적인 기준으로 연결된다. 그 물질적인 기준에 달한다고 해서 그 자체로 행복이 되지는 않았다. 돈이 있어야 행복하다고 하더라도 행복이 돈 자체가 될 수는 없다는 뜻이다. 돈이 무언가로 교환되지 않는다면, 그 자체로는 아무런 의미가 없다.

핵심은 돈이 있어서 내가 원하는 것을 할 수 있다는 자신감과 풍요로운 느낌이다. 돈이 많아 행복한 사람도 있고, 돈이 많아도 행복하지 않은 사람의 차이가 여기에 있다. 행복은 내가 느껴야 진짜다. 행복은 내 안에 있는 나의 생각과 느낌 자체였다. 아주 단순하고 명확한 대답을 우문에 가로막혀 알아보지 못했던 것이다.

행복한 사람은 언제든지 자기 안에 있는 그 느낌을 이끌어내는 사람이다. 느낌에는 절대적인 기준이 없다. 내가 원할 때마다 나만의 기준으로 떠올릴 수 있다. 그렇다면 누구든 언제나 행복할 수 있다. 참으로 쉽고 단순하다. 다른 이들이 '무엇 때문에 행복한가?'라는 우문을 하더라도 '진짜 내 모습에 대한 긍정과 나 하나로 충만한 기분 자체가 행복이다'라고 답할 수 있다.

나의 예전 직장 동료 K는 금요일 점심시간마다 만원어치 로또를 샀다. 지난 3년간 5만원 이상 당첨된 적이 한 번도 없지만 전혀 개의치 않는 눈치다. 다른 동료들도 처음 몇 번은 재미 삼아 따라해 보았다. 한 명이라도 당첨되면 크게 한 턱 쏘라는 농담과 함께. 그러면서도 막상 당첨이 안 되면 왠지 허무한 기분이 들었고 몇 번 해보자 돈이 아까워졌다.

그는 달랐다. 그는 로또를 사는 순간 이미 당첨된 기분이라고 했다. 앞으로 일주일간 로또에 당첨된 기분으로 산다. '당첨되라, 당첨되라' 하는 막연한 기대가 아니다. 추첨을 하고 나서도 허무할 필요가 없다. 다음 주에 또다시 당첨된 로또를 사면 되기 때문이다. 사뭇 진지한 그의 태도에 동료들은 코웃음 쳤지만 나는 그 의미를 알 것 같았다. 똑같은 로또를 구입하고도 다른 이들이 '당첨'에 행복을 미루는 사이, 그는 일주일치 행복을 먼저 '선택'하여 이미 그 속에서 사는 것이다.

로또에 당첨된 기분으로 살면 어떻게 될까? 그는 '회사를 취미로 다니는 연습을 하게 된다'고 했다. 요즘은 로또 1등도 빌딩을 살 정도는 아니니 회사를 그만두지는 않을 것이라는 현실적인 답변과 함께. 대신 딱히 쉬울 것은 없으니 눈치 보지 않고 하고 싶은 대로 당당히 다니는 것이라고 했다. 아마도 그것이 지금도 주변 동료들이 그를 '괴짜'로 보는 시선에 아랑곳하지 않는 비결인 듯했다.

로또 1등 당첨금이 지금 내 통장에 있으니 진짜로 하고 싶은 일들을 하나씩 적어보았다. 그중 하나인 부동산 투자를 위해 퇴근 후 꼼꼼하게 책을 읽고 인터넷으로 매물을 골라본다고 했다. 직접 찾아가 공인중개사사무소에 들러 보고 온 적도 많다고 했다. 그런 날에는 마치 그 집을 산 것처럼 흥분되어 잠든다고 했다. 그게 바로 '로또에 당첨된 기분'이라는 것이다.

나는 그의 이야기가 오래도록 마음에 남았다. 그로부터 2년 후, 회사 OB모임에서 만난 그는 어떻게 되었을까? 집에서 출퇴근하기 편하고 야근이 거의 없는 직장에서 약간 오른 연봉으로 일하고 있었다. 로또는 여전히 5만원 이상 당첨되지 않았다고 했다. 어째 좀 시시한가?

대신 그는 그 사이 자기가 사는 집 근처의 오피스텔, 오가며 보아둔 부모님이 계시는 지방의 아파트들까지 10채나 구입했다. 로또에 당첨된 기분으로 살다 보니 수익을 낼 수 있는 매물들이 자꾸만 눈에 들어오고, 투자할 기회가 생기더라는 것이다. 곧 있으면 연봉만큼 수익을 달성한다고 했다. 놀랍지 않은가? 그는 결국 자신이 말한 대로 로또에 당첨된 것처럼 '회사를 취미로 다니게' 되었다.

다른 이들이 애타게 바라고 또 실망하던 '로또 한 방'이 아니었다. 그는 매주 한 장의 복권으로 매일 생생하게 행복을 경험했다. 그러한 행복이 차곡차곡 쌓이자 어느 새 로또 한방에 버금가는 결과를 이루어낸 것이다. 동료들이 복권을 사지도 않으면서 당첨을 꿈꾸는 동안 K는 당첨되지 않은 복권을 사며 꿈꾸던 삶을 살게 되었다.

행복은 무언가의 '결과물'이 아니다. 행복은 그 자체의 '느낌'이다. 내가 밖에서 그토록 찾던 행복이 내 안에, 나의 감정 안에 그 열쇠를 보관하고 있었던 것이다. 언제든지 내가 열기만 하면 행복 속에 머물 수 있다. 이미 가지고 있는 행복의 마음 상자를 열어 마음껏 느끼면 된다. 문제는 과연 내가 그 상자를 여느냐에 달려 있다. 때로는 그런 것이 있다는 사실조차 잊고 살기 때문에 행복은 로또

당첨처럼 자꾸만 미뤄지는 것이다.

행복은 '강도'가 아닌 '빈도'다. 내가 스스로에게 자주 행복을 느끼도록 허락할 때 자연스럽게 더 큰 행복을 끌어 담을 수 있는 큰 그릇이 되어 간다. 간장종지만 한 행복도 경험해 보지 못한 사람이 어떻게 한강만큼 큰 행복을 끌어올 수 있겠는가. 매일 매 순간 생생하게 경험한 내 안의 작은 행복이 모여 '스스로 당첨된 로또'가 된다. 이제 내가 만든 나만의 1등 로또를 사러 나갈 시간이다.

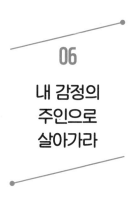

06
내 감정의
주인으로
살아가라

'Invictus'는 '굴하지 않는'이란 뜻의 라틴어다. 내가 좋아하는 윌리엄 어네스트 헨리의 시 제목이기도 하다. 그가 12세 때부터 결핵성 골수염을 앓아 25세에 한쪽 다리를 절단하고 투병하면서 쓴 작품이다. 넬슨 만델라가 감옥에서 27년간 애송한 시로 잘 알려져 있다. 시의 마지막 구절은 이렇게 맺는다.

'나는 내 운명의 주인이요, 나는 내 영혼의 선장일지니.'

주인이 된다는 것은 어떤 것인가? 소유권을 갖는다는 것이다. 내 것이라고 언제 어디서나 당당하게 주장할 수 있다. 내 집을 장만하고 나서 어떤 기분이 들었는지를 떠올려 보면 쉽게 이해가 된다. 더 이상 눈치 보지 않아도 된다. 쫓기듯 이사 다닐 필요 없이 사랑하는 가족들과 얼마든지 살 수 있다는 사실만으로 마음 든든해지지 않던가.

감정의 주인이 되는 것도 마찬가지다. 내 감정의 주인이 되면 다른 이들의 눈치를 볼 필요가 없다. 내 감정을 마음껏 느끼고 표현할 수 있다. 상대가 원하는 반응을 하는 것이 아닌 내가 원하는 대로 표현한다. 여전히 가족, 친구, 이웃, 동료들로부터 이전의 습관을 불러일으키는 부정적인 말과 행동을 경험할 수도 있다. 중요한 것은 내가 예전과 달라졌다는 사실이다. 내가 허용하지 않는 한 다른 사람의 말이 나를 괴롭히거나 초조하게 만들지 못한다. 나를 화나게 할 수 있는 유일한 방법은 내 자신의 해석을 통해서이다.

주인은 무엇을 할까? 내 집으로 이사해 제일 먼저 하는 것은 쓸고 닦는 일이다. 주인은 제대로 보존하고 유지할 책임이 있기 때문이다. 한번 쓸고 닦았다고 끝이 아니다. 날마다 집안을 둘러보며 버려진 곳은 없는지 살피지 못한 구석은 없는지 신경 쓰이지 않던가. 주인이 이를 감당하지 못하면 집 안 곳곳엔 먼지가 나고 쓰레기가 쌓인다. 소홀한 곳은 어떻게든 티가 나는 법이다. 주인이 버려둔 공터에는 남들이 가져다둔 쓰레기만 가득하기 쉽다. 아무리 그러면 안 된다 해도 주인이 소홀히 하면 다른 이들도 하찮게 여기기 마련이다.

　감정의 주인으로 내 마음을 쓸고 닦는 일도 마찬가지다. 내가 내 감정을 소홀히 여기면 곳곳에 내다 버리지 못한 감정이 쌓여간다. 다른 이들의 감정 찌꺼기가 흘러 들어와 내 감정을 흐려 놓기도 한다. 나의 소홀함을 눈치챈 다른 이들 또한 내 감정을 그저 그런 것으로 치부하고 만다.

　주인에게는 혼자서 결정하고 행동할 자유도 있다. 다른 이들의 의견을 참고하지만 결국은 주인의 몫이다. 주인이 이리저리 흔들리며 다른 이들에게 의존하다가 주도권을 빼앗기고 조종당하는 경우도 얼마나 많은가. 감정과의 관계도 마찬가지다. 내가 감정을 제대로 다스리지 못하고 주인으로서의 책임을 다하지 않으면 결국 감정이 나의 주인 노릇을 하려 들 것이다. 수시로 일어나는 감정이 나를 혼란스럽게 흔들고, 아무런 원칙도 기준도 없이 감정의 소용돌이에 말려든다.

　다행히 우리는 이제 자신이 원하는 반응을 습관으로 만들고 내 자신을 위해 선택할 수 있게 되었다. 성숙하지 못한 상대방의 말과 행동에 똑같이 반응하는 것은 그의 부정적인 기분에 동조하고 공유하는 것에 지나지 않는다. 그의 표현에 나만의 대응을 선택하는 것이 내 감정의 주인으로 해야 할 몫이다.

예상했던 반응이 나오지 않으면 상대방의 부정적인 의지도 조금씩 꺾이게 된다. 이렇게 내가 나를 지킬 때 남도 나를 함부로 하지 못한다. 다른 이들에게 가시를 세울 필요 없이 나의 달라진 말과 행동으로 자연스럽게 퍼져나갈 때 가능한 일이다.

감정이 온전하지 못할 때는 다른 이들에게도 진정한 친구가 되어주기 힘들다. 내가 불행한 상태에서 다른 이의 친구가 되어준다고 한들 서로에게 무슨 유익이 있겠는가. 서로 불행을 나눠가지며 같이 힘들어질 뿐이다. 일단은 나부터 건강하고 행복해야 진정한 의미에서 남도 도울 수 있다. 내 안에 나눌 만한 것이 없는 데 다른 이들에게 좋은 영향력을 끼칠 리 없다. 주는 이도 받는 이도 불편한 상황은 결코 건강하지 않다. 마찬가지로 내 마음이 왜곡되어 있으면 다른 이들이 곱게 보이지 않는다. 역시 나부터 바로잡아야 제대로 된 시야가 열리고 다른 이들도 있는 그대로 받아들일 수는 여유가 생기는 법이다.

감정의 주인으로 산다 해도 어느 순간 감정이 무겁게 느껴질 때도 있다. 넓은 집을 열심히 쓸고 닦다가도 한번씩 버거워지는 것과 마찬가지다. 이때도 주인은 잠시 멈추고 쉬는 것을 선택할 수 있다. 다시 힘이 생길 때까지 충분히 휴식하며 충전하는 것이다. 감정이 무거워질 때를 '잠깐 멈춤'의 신호로 알고 휴식하는 것도 주인의 권리이자 의무다. 쉬어야 할 때를 놓치면 다시 기회를 얻기도 쉽지 않거니와 신호를 무시하기 시작하면 감정의 신호체계 전체가 혼란을 겪을 수도 있다.

제3자의 도움을 받아 감정을 들여다보고 어느 부분에서 어려움을 겪고 있는지 함께 알아볼 수도 있다. 자신의 이야기를 판단 없이 들어줄 사람과 함께 내면의 혼란을 차근차근 바로잡는 것이다.

어떠한 일도 주인이 직접 결정하지 않으면 시작할 수 없다. 아무리 다른 이가 휴식을 권유하고 내면을 들여다보라고 해도 자신이 그렇게 하지 않으면 그만이다. 억지로 권해봐야 '하라는 대로 했는데도 별것 없네'라며 핀잔만 들을지도 모른다. 주인이 분명하게 목적을 알고 요청해야 도움도 받을 수 있다. 거리낌없이 받아들일 준비가 되어야 무엇이든 제대로 효과를 발휘한다. 내 감정의 주인으로 사는 데 최소한의 용기가 필요한 이유다.

내 감정의 주인은 나다. 누가 뭐래도 내 인생을 결정하는 것은 내 자신이다. 다른 이들에게 도움을 구하고 그것을 받아들일지도 언제나 내가 결정한다. 그렇게 주인은 자신의 감정에 대한 당당한 권리를 갖는다. 그 권리를 주장하는 한 누구도 빼앗거나 함부로 할 수 없다. 동시에 주인은 제대로 보호하고 유지할 책임을 갖는다. 감정이 함부로 손상되거나 버려지지 않도록 매일 살펴보고 필요한 것을 해주는 것이다. 상한 감정의 찌꺼기가 있다면 더 부패되기 전에 수시로 내다 버리고 부정적인 감정의 습관이 자리 잡기 전에 나만의 기준과 신념으로 제자리에 돌려놓는 수고도 마다하지 않는다.

감정의 주인은 어떠한 경우에도 감정을 피하거나 목소리에 등을 돌리지 않는다. 내 것을 지키고자 정면으로 바라보는 것은 물론이고, 주위의 반응에 흔들림 없이 계속해서 나아간다. 이처럼 하루하루 의식하며 살아간 시간은 온전히 나의 것이다. 내 감정의 주인으로 사는 것은 매일을 온전한 내 것으로 남기는 일이기도 하다. 오롯이 내 것이 되는 인생, 두려움도 주저함도 없이 나의 인생을 선택하는 내 감정의 주인으로 살아가자.

07

나는 오늘도
행복을
선택한다

    얼마 전 인터넷에서는 미국 ABC 뉴스에서 다룬 '행복 위해 근육 몸매 포기한 여성 화제'라는 제목의 기사가 이슈로 떠올랐다. 발단은 26세 여성 졸린 존스의 페이스북 사진 한 장이었다. 그녀는 자신의 과거와 현재 모습을 비교한 사진을 공개했는데 한쪽은 보디빌더 출전을 준비하던 군살 하나 없는 그림 같은 몸매이고, 한쪽은 친구들과 래프팅을 즐기는 평범한 몸매의 사진이다. 이 중에서 흔히 이야기하는 '비포 앤 애프터(Before & After)' 중 비포는 어느 쪽일까? 기사 제목처럼 비포는 보디빌더의 완벽한 몸매였다.

    그녀는 날씬한 몸매를 유지하기 위해 운동과 식이요법을 계속했지만 한순간도 행복한 적이 없었다고 한다. 마침내 이 모든 것들을 그만두었을 때 비로소 인생을 즐기고 행복을 되찾게 되었다. 이러한 깨달음을 통해 있는 그대로의 자신을 긍정적으로 받아들이는 '자기 몸 긍정주의 (Body Positivity)'를 전하고 싶어서 사진을 공유한 것이다. 남들의 눈에 아무리 완벽하고 행복해 보여도 자신이 이를 느끼지 못하면 아무 소용없는 일이다. 13만명 이상이 공감과 응원으로 그녀를 아낌없이 지지했다.

수많은 이들이 그녀처럼 자신의 행복을 스스로 선택하며 나아가고 싶어 하지만 실상은 다른 이들의 시선에 대한 두려움과 낮은 자존감으로부터 자유롭지 못하다. 용기 있는 선택을 한 이들을 선망하지만 막상 자신의 일에서는 엄두가 나지 않는다. 선택을 놓고 고민이라도 한다면 그나마 나은 편이다. 애초에 이런 고민 자체가 어려운 이들도 있다. 자신 안에 채워지지 않은 무언가가 있는 건 어렴풋이 느끼지만 차마 그것을 들여다보지 못한 채 살아간다. 외부의 시선을 기준으로 삼고 내가 원한 것인 양 혼란스러워한다. 해결되지 못한 감정에 시달리며 행복과는 반대 방향으로 끌려 들어간다.

우리는 더 이상 감정에 끌려 다니지 않기로 했다. 날마다 행복을 선택하며 산다. 행복을 선택한다는 것이 처음엔 다소 추상적으로 느껴질지 모른다. 앞서 이야기한 사례와 같이 '자신을 있는 그대로 받아들이기' 위해 일단은 '끝없는 다이어트 중단하기'와 같이 가장 가까이에 있는 한 가지를 결정하는 것부터 해 보면 어떨까. 고작 한 가지만으로 삶이 달라질까 의심된다면, 반대로 단 한 가지의 나쁜 습관이 우리를 얼마나 힘들게 했는지를 떠올리면 쉽게 이해될 것이다.

앞서 제시한 대로 익숙한 불행, 익숙한 감정에 끌려다니지 않기 위해 감정 습관 하나를 바로잡는 것으로도 충분하다. 하루 일과 속에서 그때그때 맞는 한 가지 방법을 선택하는 것만으로도 삶은 분명 달라지기 때문이다.

첫째, 감사일기로 시작하는 아침에 행복을 선택한다.

충분히 쉬고 깨어난 아침은 당연히 기분이 좋다. 이런 기막힌 기회가 지나가기 전에 감사일기를 쓴다. 3~5가지 감사할 것들을 떠올리면서 행복은 이미 시작되었다. 오늘 일어날 모든 일들을 미리 감사하며 기꺼이 받아들일 용기가 생긴다. 분주함으로 자신을 잃기 전, 좋은 감정으로 향하도록 아침 첫 시간에 기록하는 것이다.

내가 책을 쓰고 새로운 삶을 살 수 있게 된 것도 감사일기의 공이 크다. 처음엔 단지 하루 10분의 감사일기였지만, 날마다 반복하며 습관이 되자 표면적인 감사에서 내면을 돌아보는 감사로 깊이가 생겼다. 이 시간에 얻은 깨달음이 내 삶의 방향을 정할 수 있는 근거가 된다. 감사일기에는 놀라운 힘이 있다. 오늘도 아침에 일어나면 제일 먼저 새로운 하루의 행복을 선포하며 감사한다.

둘째, 감정수첩과 감정일기로 미래의 온전한 나를 선택한다.

21일간 훈련한 감정수첩과 감정일기를 통해 매일 내가 원하는 나의 모습이 구체적으로 그려진다. 낮 시간에도 바쁜 일상을 핑계 대며 나의 내면을 혹사시키지 않는다. 감정일기에 적고 훈련한 대로 내가 원하는 미래의 모습으로 살고 있기 때문이다. 매 순간 오래된 감정 습관 대신 새로운 습관으로 무장한 '미래의 나'를 통해 대응하는 것이다.

미래의 나는 긍정을 선택하고 수시로 행복을 선택하여 느낀다. 미래의 나로 살아갈수록 감정수첩과 감정일기에도 행복한 기록이 늘어날 것이다. 이제는 바로잡아야 할 부정적인 습관보다 강화하고 싶은 긍정적인 감정 습관이 더 많아진다. 갈수록 미래의 나에 가까워진다. 긍정의 선순환이 자리 잡은 것이다. 마침내 내가 원하던 미래는 현재의 나와 거리감 없이 완전히 일치한다. 이후로는 더 이상 의식하지 않아도 내 자신이나 다른 이들과의 관계에서 무엇이든 자연스럽고 자유롭다.

셋째, 이미 이루어진 상상으로 잠들며 사랑을 선택한다.

잠자리에 들 때 더 이상 두려움과 걱정은 없다. 자기 전에는 반드시 하루의 감정을 모두 해소하고 가장 편안한 상태에서 자유로운 기분으로 잠이 든다. 단 몇 시간을 자도 충분한 회복이 되고 새날에 대한 기대감으로 눈을 뜰 수 있다.

실체 없는 두려움과 불안이 머릿속에서는 끝도 없이 커진다. 이를 꺼내어 종이 한 장에 적어보라. 내 안에 있을 때의 무시무시한 존재감과는 달리 굉장히 사소해 보이는 것들이 대부분이다. 몇 개의 문장으로 적고 나면 오히려 '이런 걸 뭣 하러 고민했나' 싶고, 극히 일부가 앞으로의 계획으로 연결된다.

감정일기의 효과도 마찬가지다. 적어 봐야 제대로 보인다. 적고 나면 미래의 내 모습이 한결 또렷해진다. 오늘보다 더 행복한 나를 상상하며 잠이 든다. 과거의 불안이나 걱정을 떨쳐버린 미래의 나는 사랑이 가득하다.

변화한 일상, 달라진 자신의 모습에 놀란 이들이 나에게 고마움을 표한다. 나의 이야기를 귀담아 들어주었으니 내가 더 고마운 일이다. 내가 그들을 변화시킨 것이 아니다. 그들은 스스로 변화했다. 표면적으로는 일상에 단지 몇 가지 행동을 더한 것처럼 보일 수 있다. 다시 보면 하루 일과 중 부정적인 감정 습관에 휘둘릴 수 있는 결정적인 순간마다 전환점을 제공한 셈이다. 덕분에 부정적인 감정으로 치달을 가능성이 한결 줄어들었고, 삶이 갈수록 편안해진다고 느낀 것이다.

나는 날마다 행복을 선택한다. 누구라도 행복을 선택할 수 있다. 거창한 방법이 아니어도 된다. 아주 작은 습관 하나로도 충분하다. 언제든지 쉽게 할 수 있는 단순한 방법으로 삶의 새로운 방향이 열린다. 또다시 후회하기 전에, 더 이상 늦기 전에 자신을 믿고 단 한 번의 기회를 주자. 날마다 일상의 기적을 맛보는 삶의 기회가 지금 여기에 있다.

내 감정에 서툰 나에게

펴낸 날	초판 1쇄 2017년 12월 30일
지은이	최헌
펴낸이	이금석
기획 · 편집	박수진, 박지원
디자인	김현진
마케팅	곽순식
경영지원	현란
펴낸 곳	도서출판 무한
출판등록	1993년 4월 2일 제3-468호
주소	서울 마포구 서교동 469-19
전화	02-322-6144 팩스 02-325-6143
이메일 안내	muhanbook7@naver.com
홈페이지	www.muhan-book.co.kr

가격   13,800원
ISBN   978-89-5601-363-3 03320